생각하면서 처음부터 제대로 시작하는 프로그래밍

시작하는 사람들을 위한 **델파이 프로그래밍**

생각하면서 처음부터 제대로 시작하는 프로그래밍

시작하는 사람들을 위한 **델파이 프로그래밍**

지은이 | 유리 칼미코프 (Yuriy Kalmykov)
번   역 | 박범용
펴낸곳 | (주)데브기어 출판부

기   획 | 김나래
디자인 | 지와수

초판 발행일 2016년 4월 21일

주소 | (우)06542 서울시 서초구 사평대로 359 (반포동, 3층) (주)데브기어
전화 | 02-595-4288
홈페이지 | www.devgear.co.kr
전자우편 | ask@embarcadero.kr

ISBN: 978-89-962516-6-8
값: 12,000원

Delphi Programming for Beginners
Yuriy Kalmykov

Original English Edition
Copyright by Embarcadero
All rights reserved.

왜? 번역하게 되었는가?

이 책을 처음 보는 순간,
러시아어 교재가 영문으로 다시 번역된 그 가치를 바로 알 수 있었습니다.
우리 나라에도 이런 프로그래밍 입문서가 있어야한다는 확신이 들었습니다.

명쾌. 간결. – 전달하는 지식에는 통찰력과 깊이가 담겨 있어야 개념이 명쾌. 간결. 해집니다.

유리 칼미코프는 소프트웨어 개발 분야에서 잘 알려진 전문가이며 "학교에서 델파이 프로그래밍 가르치기" 등 많은 프로그래밍 도서와 교과서를 저술하였습니다.

생각을 장려 – 지식 전달 방식은 오랜 실무 경험과 교육 현장 경험이 뒷받침되어야 합니다.

이 책은 러시아에서 가장 인정받는 대학 중 하나인 모스크바공학물리연구소 부속 국립원자력대학에서 정보과학 및 제어 처리 교원으로서 학생들을 지도하고 모스크바의 최상위 예비학교에서 학생들을 가르쳐 온 저자의 25년 간의 경험을 통해 나온 결과입니다.

데브기어 박범용 (ask@embarcadero.kr)

이 책에 대하여 (옮긴이 박범용)

멋진 프로그래머가 되려면?

생각하는 프로그래밍을 처음부터 제대로 시작해야 합니다.

프로그래밍 언어를 처음 배울 때는 대부분의 언어에서 적용되는 본질에 집중하세요.

프로그래밍에서 중요한 것은 도구(언어)가 아니라 문제 해결 능력(알고리즘)입니다.

자신의 생각을 통해 문제를 해결하는 진짜 프로그래머라야 인정받을 수 있습니다.

누가? 읽으면 좋은가?

처음이지만, 제대로 프로그래밍을 배우고 싶다.

처음이지만, 멋진 프로그래머가 되기 위해 생각하는 프로그래밍을 시작하고 싶다.

처음이지만, 프로그래밍을 통해 문제를 해결하는 과정을 즐기고 싶다.

어떻게? 학습하면 좋은가?

이 책은 짧습니다. 하지만, 명쾌하고 깊이가 있습니다.

25개의 모듈로 나누어져 있습니다. 알더라도 건너뛰지 말고 차근차근 나아가세요.

간혹 수학이 나옵니다. 충분히 할 수 있습니다. 공식도 적혀있으니, 그대로 하면 됩니다.

혹시 연습문제가 너무 어려우면 표시해두고 다음으로 넘어가세요. 좀더 알게 되면, 표시해 둔 연습문제에 다시 도전해보세요.

필요하면 무엇이든 구글 검색에게 물어보세요. 프로그래머 역시 문제를 해결하기 위해 구글 검색의 도움을 많이 받습니다. 중요한 것은 '내가 생각하면서 프로그래밍을 한다'는 것입니다.

어디에? 관련 자료가 있는가?

설치, 코드, 해법 등 이 책에 관한 모든 자료는 www.devgear.co.kr/book/ 에 있습니다.
연습 문제에 나의 해법을 공유할 수도 있고, 다른 사람들의 다양한 해법을 참고할 수도 있습니다.
모바일 앱을 만들고 싶거나, 개발 능력을 더 향상시키고 싶다면,
다양한 도서(www.devgear.co.kr/book/)와 11개 교육 과정(www.devgear.co.kr/edu/)을 활용하세요.

델파이? 로 무엇을 할 수 있는가?

지금 이순간, 대형 병원에서, 반도체 품질 검사장에서, 원자력 연구소에서, 영어 공부를 할 때, 동네 의원에서, 약국에서, 지하철에서, 화상 회의를 할 때, 채팅 할 때, 상점에서, 집을 비울 때, 건강 검진에서, 외환이나 주식을 거래할 때, 자동차 검사 받을 때, 주차할 때, 동사무소에서, 시청에서, 동물 병원에서, 콘도에 체크인 할 때, 스키장에서, 골프장에서, … … 이 페이지를 다 채워도 모자랄 만큼 웹이 아닌 전문적이고 매우 중요한 그리고 다양한 네이티브 프로그램들이 델파이로 되어 있습니다.
의사, 교수, 교사, 공무원, 학생 등 필요한 프로그램을 직접 만들고 나누는 취미 개발자들도 많습니다.
델파이는 컴퓨팅 장비의 모든 기능과 성능을 사용할 수 있는 순수 네이티브 앱을 만듭니다.
윈도우, 맥, 안드로이드, iOS 용 앱을 한번에 만들어냅니다. (이 책은 윈도우용만 설명합니다)

📍
NOTE | 이 책은 델파이 언어를 사용하지만, 프로그래밍을 시작하는 모든 사람들에게 자신 있게 권합니다.
이 책을 학습했다고 하여 반드시 델파이만 해야하는 것은 아닙니다.
언어는 커뮤니케이션 도구이기 때문입니다. 프로그래밍 언어도 마찬가지입니다.
델파이는 기호보다는 간단한 단어를 구문에 사용하는 매우 직관적이고 체계적인 언어입니다.

Contents

Contents

델파이 소개.
단순 컴포넌트^{Component} 들

델파이를 실행하고, 프로젝트를 시작하고, 저장합니다.
코드를 직접 쓰지 않고, 프로그램 화면을 만들고, 작동시켜봅니다.
폼, 레이블, 텍스트박스, 버튼 등 많이 쓰이는 컴포넌트들을 다룰 수 있게 됩니다.

Tip | 설치, 코드, 해법 등 이 책에 관한 모든 자료는 www.devgear.co.kr/book/에 있습니다.

개인용 컴퓨터 시대가 되면서 마이크로소프트의 윈도우^{Windows} 등 다중-작업처리와 다중-사용자용 운영체제^{OS}가 생겨났다. 하지만 이로 인해 소프트웨어를 만드는 과정은 훨씬 더 복잡해졌다. 그러자, 어렵지 않게 운영체제와 상호작용할 수 있고, 코드 작성 시간을 줄여주고, 코드 품질을 향상시킬 수 있도록 해주는 시각적인 통합개발환경^{IDE}과 RAD^{Rapid Application Development} 즉, 애플리케이션을 신속하게 개발하는 시스템들이 앞선 회사들로부터 생겨나게 되었다.

비주얼^{visual} 프로그래밍은 사용자가 응용프로그램 화면 디자인, 코드 편집, 오류 수정, 테스트를 모두 동시에 하기 위해 비주얼 통합개발환경에서 소프트웨어 애플리케이션을 만들어 내는 과정이다. 비주얼 프로그래밍이란 만들고 있는 화면을 보면서 디자인하기와 코드 작성하기라는 두 과정이 서로 붙어서 연결된 것이다.

델파이^{Delphi}는 매우 뛰어난 기능들을 가진 강력한 파스칼^{Pascal 언어} 컴파일러로서 윈도우 애플리케이션 개발용으로 1999년에 처음 소개된 수준 높은 소프트웨어 개발 시스템이다. 필요한 기능을 모두 갖춘 애플리케이션을 개발하기에 알맞은 다양한 도구세트가 델파이에 들어 있기 때문에 프로그래머가 신속하게 애플리케이션을 개발할 수 있다. 델파이의 2가지 중심 개념은 비주얼 디자인^{visual design}과 이벤트 기반^{event-based} 프로그래밍이다. 이 두 개념을 적용하면 애플리케이션 디자인 과정을 현격하게 향상시키고 개발 시간은 크게 줄일 수 있다.

비주얼 디자인 방식은 애플리케이션 화면을 손쉽게 배치 할 수 있고, 실제 프로그램을 작동시켜보지 않고도 만들어지는 화면을 볼 수 있다. 또 다른 장점들도 있다. 애플리케이션은 여러 콘트롤Control들로 만들어지는데, 이것들 각자는 자기의 프로퍼티property들을 가지고 있다. 우리가 델파이의 프로퍼티 창Properties window에서 프로퍼티 값을 변경하면, 해당되는 코드가 자동으로 변경되거나 생성된다. 따라서 화면을 만들기 위해 코드 여러 줄을 직접 써내려 갈 필요가 없다.

델파이 실행하기

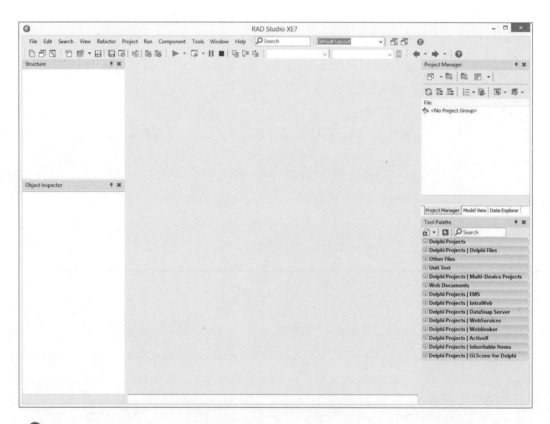

Tip | 델파이 평가판 설치파일 다운로드: www.devgear.co.kr/book/

델파이 통합개발환경^{IDE}은 설정한 대로 사용자 화면^{UI} 요소가 구성되는 다중 창(multi-window, 창이 여러 개 있는) 시스템이다.

창에서 구현하는 모든 내용은 자동으로 프로그램 코드에 반영(변경되거나 생성)된다.

델파이의 메인 화면에는 메인 메뉴^{MainMenu}와 툴바^{ToolBar}가 있다.

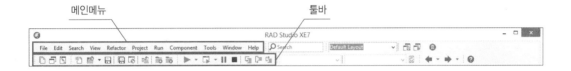

메인 메뉴에는 프로젝트를 다루는 데 필요한 모든 것들이 들어있다.

툴바에는 버튼들이 있다. 메인 메뉴에 있는 선택 옵션들 중 많이 사용되는 것들을 바로 쓸 수 있도록 모아 놓았다.

예를 들어, *Run* 옵션은 현재 만들고 있는 프로그램을 실행시킨다. *Run* 옵션을 선택하려면 메인 메뉴에서 *Run* 드롭 다운을 선택하거나, 툴바에서 녹색삼각형을 클릭하거나, 단축키로 *F9* 키를 누른다.

프로그램을 새로 하나 만들려면, *File* 메뉴에서 *New* 항목을 선택하면, 목록이 나타난다. 여기에서 *VCL forms Application — Delphi* 를 선택한다.

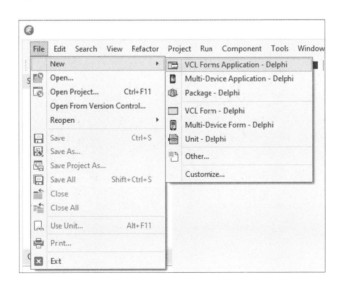

델파이에 다음과 같이 창들이 나타난다.

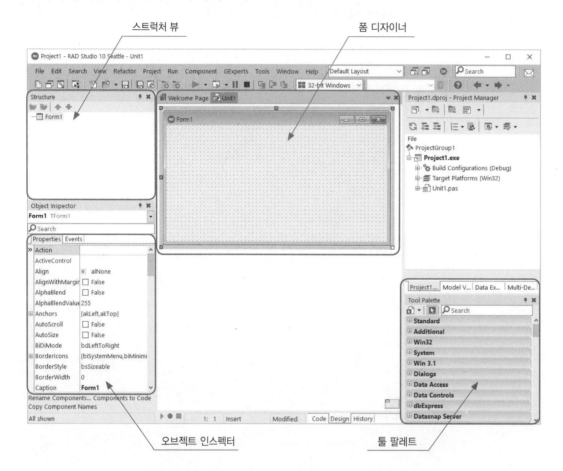

각 창들을 살펴보자.

델파이는 오브젝트 즉 객체 지향 프로그래밍(Object Oriented Programming, OOP) 언어이다. 오브젝트object란 소프트웨어 상의 하나의 존재이다. 오브젝트는 다른 오브젝트와 구분되는 자신의 표시(특징) 즉, 프로퍼티property들을 가지고 있고, (메소드method라고 부르는) 정해진 여러 행위action를 한다. 만들어진 오브젝트는 다른 프로그램으로 옮겨질 수도 있다.

델파이 안에는 컴포넌트component들 즉 오브젝트들 수백 가지가 있어서 바로 사용할 수 있다. 이것들은 툴 팔레트 안에서 여러 그룹들로 나누어 들어있다.

툴 팔레트의 주요 그룹들은 다음과 같다.

1. Standard^{스탠다드}
2. Additional^{애디셔널}
3. System^{시스템}
4. Data Access^{데이터 액세스}
5. Data Controls^{데이터 콘트롤들}
6. Dialogs^{다이얼로그들}

툴 팔레트 안에 있는 *Standard*^{스탠다드} 그룹을 펼쳐보자. 이곳에는 프로그래머 대부분에게 꼭 필요한 표준 화면 요소들이 들어있다.

폼^{form} 창은 앞으로 애플리케이션이 될 우리의 프로젝트이다. 우리는 비주얼 프로그래밍 방식 즉 폼 안에 컴포넌트들을 넣어서 조작하는 방식으로 프로그램을 만든다.

델파이를 처음 실행하면, 새 프로젝트가 자동으로 만들어지면서, 텅 비어있는 폼(이름은 *Form1*이다) 창이 하나 생긴다. 텅 비어 보이는 폼이지만, 이미 창에 필요한 기본 요소들이 모두 있다: 창의 윗부분에 *Form1*이라고 적힌 폼의 제목이 표시되고, 오른쪽에는 최소화, 최대화, 종료 버튼들이, 왼쪽에는 시스템 메뉴 버튼이 있다. 이 폼이 바로 우리가 만들게 될 프로그램에서 중심이 되는 메인 창^{main window}이다. 우리는 툴 팔레트에서 원하는 화면 요소들을 찾아 폼 안에 넣어서 조작 한다.

텍스트박스들, 명령 버튼들, 기타 폼 콘트롤들을 폼 컴포넌트라고 부른다. 오브젝트 인스펙터[Object Inspector] 에는 현재 선택된 폼 컴포넌트에 속한 프로퍼티[property]들이 목록으로 들어있다.

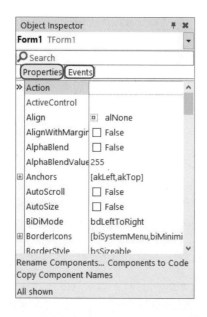

오브젝트 인스펙터 창에는 탭이 2 개 있다. 첫 번째 *Properties*탭에는 현재 선택된 컴포넌트에서 사용할 수 있는 프로퍼티들이 모두 나열된다. 왼쪽 줄에는 프로퍼티 목록이 나오고 오른쪽 줄에는 프로퍼티의 값을 넣는다(기본값이 미리 들어있다).

두 번째 탭인 *Events*[이벤트] 탭에는 컴포넌트에서 사용할 수 있는 이벤트핸들러[Event Handler]들이 있다. 왼쪽 줄에는 이벤트 이름 목록이 나오고, 오른쪽 줄에는 핸들러 즉, 이벤트가 발생할 때 수행할 프로시저(절차)[procedure] 들 또는 이벤트와 관련 있는 프로퍼티들이 들어간다.

스트럭처 뷰에는 폼 안에 있는 모든 오브젝트(즉 컴포넌트)들이 표시된다.

델파이에서 만들고 작동시킨 애플리케이션을 멈추기

- 실행 중인 애플리케이션의 종료 버튼을 클릭한다
- 델파이의 *Run* 메뉴에서 *Program Reset*을 선택한다.
- 단축키 *Ctrl+F2*를 누른다

만든 프로젝트 저장하기

델파이 프로그램은 프로젝트 파일 1개, 유닛[unit]들 1개 이상, 그리고 기타 여러 파일들이 모여서 구성된다. 프로젝트 파일은 고유한 확장자(*.dpr 또는*.dproj)를 가지는 파일인데, 델파이 환경에서 프로젝트를 시작하면 자동으로 만들어진다.

프로젝트를 만들고 나면 '모두 저장' 메뉴를 통해 저장한다. 별도로 폴더 하나를 만들어서 저장하자. 같은 프로젝트에 속하는 모든 파일들은 한 곳에 모아 두는 것이 좋다.

프로젝트 폴더 그리고 각 파일들에 알맞은 이름을 정한다. 자동으로 붙는 이름을 그냥 쓰는 것은 좋지 않다. 파일 이름은 영문자로 만든다. 숫자와 밑줄도 사용할 수 있지만 제일 앞에는 쓰지 않는다. 그 외 다른 기호들은 파일 이름에서 사용할 수 없다.

`Project1.dpr`과 `Unit1.pas` 파일(이 둘은 서로 다른 파일이다)은 반드시 이름을 직접 새로 만들도록 한다. 다른 파일들은 기본값(처음에 자동으로 주어지는 값) 이름 그대로 저장하자.

`Project1.dpr`과 `Unit1.pas` 파일의 이름을 새로 지을 때는 델파이 코드 작성 표준을 따르는 것이 좋다. 델파이 코드 작성 표준에서 파일 이름은 모두 xxx 접두사로 시작해야 한다. 예를 들면 **prj**`MyTask1.dpr`, **unt**`MyTask1.pas`과 같다. (xxx는 기본값을 세 문자로 줄인 것이다: Project1 → prj, Unit1 → unt). 단순 컴포넌트에 이름을 붙을 때에도 이 규칙은 적용된다.

이제 델파이 환경에서 단순 컴포넌트들 몇 개를 사용해보자.

단순 컴포넌트라고 불리는 이유는 다른 컴포넌트들에 비해 사용하기가 더 쉽기 때문이 아니다. 사용자 화면을 만들 때, 단순 컴포넌트들을 다른 컴포넌트들과 상당히 복잡하게 조합하는 경우가 많기 때문이다. 우리가 살펴볼 단순 컴포넌트들은 폼, 레이블, 텍스트박스, 버튼 등이다.

Form^폼

단순 컴포넌트들 중에서 오직 폼^{form}만 툴 팔레트 안에 없다. 새 애플리케이션을 만들기 시작하면 자동으로 폼 하나가 만들어진다. 물론 더 많은 폼을 프로젝트에 추가할 수도 있다. 그 방법은 뒤에서 배우기로 한다. 델파이로 작업을 할 때 여러분 스스로를 화가라고 상상하자. 폼은 여러분의 도화지이다. 여러분은 폼 안에 컴포넌트들을 올려놓는 방식으로 애플리케이션의 화면을 배치하고 그 컴포넌트의 프로퍼티들을 변경하여 컴포넌트의 모습을 바꿀 수 있다.

화면을 그리고 나면 폼에 있는 컴포넌트들이 작동하도록 만든다. 사용자가 컴포넌트에 어떤 행위를 하면 프로그램이 그 행위에 반응하도록 하는 것이다. 이런 반응을 사용자 상호 작용^{User Interaction}이라고 한다.

컴포넌트가 가지고 있는 특성들을 컴포넌트의 프로퍼티^{property}라고 한다. 컴포넌트 이름, 캡션, 크기, 색상, 그리고 컴포넌트의 레이블 색상과 크기 등등이 있다.

폼 오브젝트가 가진 프로퍼티들을 몇 개 살펴보자. 폼 역시 다른 컴포넌트들이 가지고 있는 프로퍼티들이 들어 있다. 하지만, 폼에는 다른 컴포넌트들에 없는 고유한 프로퍼티들 몇 개가 있다.

가장 먼저 *Name*^{이름} 프로퍼티를 살펴보자. 컴포넌트는 모두 *Name* 프로퍼티가 있어야 한다. 프로그램에서 컴포넌트를 부르려면 이름이 있어야 하기 때문이다. 이름을 정할 때에는 컴포넌트의 유형을 표시하는 접두사 세 문자를 앞에 붙인다. 우리는 `frm` (form을 줄인 말)을 앞에 붙이기로 한다. My라고 부르고 싶으면, *Name* 프로퍼티 값에 `frmMy`를 넣는다.

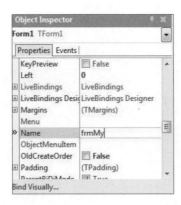

툴 팔레트 안에서 *Standard* 그룹을 펼쳐서 단순 컴포넌트 세 개를 하나씩 살펴보자.

TLabel ^[티레이블]

TLabel 컴포넌트(한글로는 '레이블'이라고 적겠다) 는 화면에 글을 표시할 때 사용된다. 사용자는 표시할 글을 변경할 수 있다(물론, 프로그램에서 변경할 수도 있다). 아래의 순서를 따라서 *TLabel*을 사용해보자.

① 프로젝트 하나를 새로 만든다.

② *TLabel*을 폼 안에 올리자. 방법은 툴 팔레트에서 *TLabel* 아이콘을 더블클릭한다. 또 다른 방법은 툴 팔레트에서 *TLabel*을 한번만 클릭한 후에 폼 위의 특정 위치에 마우스를 두고 다시 한번 클릭하는 것이다. 이 방법은 *TLabel*을 원하는 위치에 한번에 놓을 수 있기 때문에 훨씬 편하다. 폼에서 *TLabel*을 제거하려면, 먼저 제거할 *TLabel*을 선택하고(마우스 버튼으로 한번 클릭한다 – 선택되었다는 표시로 작은 검정색 사각형들이 테두리에 표시된다), 〈*Delete*〉 키를 누른다. 선택한 *TLabel*을 풀려면, *TLabel* 밖의 아무 곳이나 마우스로 한번 클릭하면 된다. *TLabel*을 위치시키기와 제거하기가 잘 되는 지 직접 해본다.

③ *TLabel*을 옮겨보자. 끌어다가 놓으면 된다. 우선 마우스 포인터를 *TLabel* 위로 옮기고 마우스 왼쪽 버튼을 누른다(*TLabel*이 잡힌 상태이다). 누른 상태에서 손가락을 때지 말고 마우스를 옮겨서 원하는 위치로 끌고 가보자. 마우스 버튼을 놓으면 *TLabel* 오브젝트가 떨어진다.

④ *TLabel*의 이름을 `lblMyLabel`로 바꿔보자(자동으로 주어지는 기본값인 `Label1`로 되어 있었을 것이다). 오브젝트 인스펙터에서 *Name* 프로퍼티를 클릭하고 `lblMyLabel`이라고 입력한다. 폼이 아니라 *TLabel*의 프로퍼티를 바꾼 것이 맞는지 다시 확인하자(초보자가 흔히 하는 실수이다). 실수하지 않으려면, 현재 선택한 것이 *TLabel*이 맞는지를 먼저 확인한다. 오브젝트 인스펙터 가장 위쪽 제목에 `Label1 TLabel`이라고 보여야 한다(이름을 변경하면 즉시 `lblMyLabel TLabel`로 바뀔 것이다). `lblMyLabel`을 입력하고 〈엔터〉 키를 눌러 저장한다.

⑤ 레이블의 캡션(표시글)도 `lblMyLabel`로 바뀌었지 보자. *TLabel*의 *Caption* 프로퍼티 기본값이 *Name*의 값이기 때문이다. 이 레이블의 캡션을 바꿔보자. 방법은 오브젝트 인스펙터에서 *Caption* 프로퍼티를 찾아서 새 값을 입력한다. '내가 만든 첫 레이블!' 이라고 적고 〈엔터〉 키를 누른다. 새로 적은 글이 폼의 레이블 영역에 표시된다.

⑥ 레이블의 배경색을 바꿔보자. *Color* 프로퍼티를 찾아서 삼각형 화살표 버튼을 클릭한다. 드롭다운 목록에서 노랑을 찾아서 클릭한다.

7 글꼴과 글꼴 색을 바꿔보자. *Font* 프로퍼티를 찾아서 줄임표 버튼(점 세개 모양)을 클릭한다. *Font* 창에서 글꼴을 Arial로, 글꼴 스타일은 굵은기울임꼴로, 크기는 20으로 지정한다. 드롭다운 목록에서 빨강을 선택하고 OK 버튼을 클릭한다.

8 폼 안에 레이블을 하나 더 추가해보자. 이번에는 다른 방식으로 한다 — 툴 팔레트에서 *TLabel* 아이콘을 한번 클릭한다. 폼 안에서 원하는 곳으로 마우스 포인터를 옮기고 다시 한번 클릭한다. *TLabel* 하나가 새로 생긴다.

9 새로 만든 레이블의 *Name* 프로퍼티를 lblAnother 로, *Caption* 프로퍼티를 '레이블 하나 더' 로 바꾼다.

10 이제 폼을 선택하자. 두 가지 방법이 있다. 폼에서 레이블이 아닌 빈 공간을 클릭한다. 또는 스트럭처 뷰(앞의 '델파이 실행하기'에 있는 델파이 환경 구성 화면 참고)에서 Form1을 선택한다. 만약 폼이 보이면 첫 번째 방법이 훨씬 편하다. 하지만, 프로젝트 안에 폼이 많아서 다른 폼들에 가려 있다면 두 번째 방법이 더 좋다.

11 폼의 프로퍼티들을 바꿔보자. *Name* 프로퍼티의 값을 frmLabelExample, *Caption* 프로퍼티 값을 '레이블 예제'라고 지정한다.

12 여러분은 간단한 애플리케이션 하나를 방금 완성했다. 아직은 아무런 행위도 하지 않고 화면만 있는 애플리케이션이다. 이제 실행해보자. 세가지 방법이 있다. 실행하기 아이콘(녹색 삼각형) 클릭, *Run* 메뉴에서 *Run* 명령 선택, ⟨*F9*⟩ 키.

13 폼의 위쪽 오른편에 있는 X 버튼을 클릭하여 애플리케이션을 종료한다.

TEdit [티에디트]

TEdit^{티에디트} 컴포넌트는 텍스트 즉 글을 담아두는 상자이다(한글로는 '텍스트박스'라고 적겠다). 애플리케이션을 만드는 중에도 여기에 글을 담을 수 있지만, 주로 애플리케이션 실행 중에 사용자들이 글을 적어 넣는다. *TEdit*의 *Text* 프로퍼티 값은 텍스트박스 안의 글이다. *MaxLength*^{최대 길이} 프로퍼티는 텍스트박스에 들어갈 최대 문자 수다. *MaxLength*가 0이면 문자 수 제한이 없다. 글꼴은 *Font* 프로퍼티를 사용하여 설정한다. *Readonly*^{읽기전용} 프로퍼티 값

을 True^참으로 설정하면 사용자가 *TEdit*의 글을 수정할 수 없게 된다. *TEdit*의 기능을 더 잘 다룰 수 있도록 아래의 작업 순서를 따라 해보자.

1. 프로젝트 하나를 새로 만든다.

2. *TEdit*를 폼 안에 놓는다. 방법은 *TLabel*과 마찬가지로 두 가지이다. 툴 팔레트에서 *TEdit* 아이콘을 더블클릭한다. 또는 *TEdit* 아이콘을 한번 클릭하고 나서 폼 위의 빈 곳을 다시 한번 클릭한다.

3. 텍스트박스의 크기를 바꿔보자. *TEdit*를 한번 클릭하여 선택하면 *TEdit* 테두리에 작은 검정색 사각형들이 생긴다. 이중 하나 위에 마우스 포인터를 올리고 마우스 왼쪽 버튼을 누른다. 작은 검정색 사각형(과 그 사각형이 있는 *TEdit*의 테두리)을 잡았으면 원하는 방향으로 잡아 끈다. 원하는 크기가 되면 마우스 버튼을 놓는다.

4. 텍스트박스를 다른 곳으로 옮겨보자. 끌어다 놓으면 된다. 마우스 포인터를 *TEdit* 위로 옮기고 마우스 왼쪽 버튼을 누르고 멈춘다. 그 상태에서 *TEdit*를 다른 곳으로 끌고 간다. 원하는 곳에 가면 마우스 버튼을 놓는다.

5. 텍스트박스의 이름을 edtMyText로 바꿔보자. 오브젝트 인스펙터에서 *Name* 프로퍼티를 클릭하고 edtMyText라고 입력한다. *TLabel*에서처럼 변경한 프로퍼티가 폼이 아니라 *TEdit*의 것이 맞는지 다시 확인하자. 스트럭처 뷰에 선택되어 굵게 보이는 것이 Edit1: TEdit이어야 한다(*Name* 프로퍼티를 변경하면 즉시 edtMyText: TEdit 로 바뀌어 표시된다).

6. 오브젝트 인스펙터에서 *Text* 프로퍼티를 선택하고 여기에 '텍스트 에디터 콘트롤입니다'라고 넣는다. 〈엔터〉 키를 눌러서 반영한다. 오브젝트 인스펙터에서 입력한 내용이 폼 위의 텍스트박스 안에 그대로 담기는 지 확인한다.

7. 텍스트박스의 글꼴 색을 파랑으로 바꿔보자. *Font* 프로퍼티 옆에 있는 + 표시를 클릭한다. 부가적인 *Font* 프로퍼티들 목록이 나타난다. *Color* 프로퍼티를 선택하고 옆에 있는 삼각형 화살표를 클릭한다. 선택할 수 있는 색상 목록이 나오면 파랑을 찾아서 클릭한다.

8️⃣ 이제 폼을 선택하자. 두 가지 방법이 있다. 폼에서 텍스트박스가 아닌 빈 공간을 클릭한다. 또는 스트럭처 뷰에서 폼 이름을 찾아서 선택한다. *Name* 프로퍼티를 frmEditBoxExample로 변경하고 *Caption* 프로퍼티를 '텍스트박스 예제'라고 변경한다.

9️⃣ 〈*F9*〉 키를 눌러서 새로 만든 이 애플리케이션을 실행하고, 텍스트박스에 아무 글이든지 직접 입력해 보자.

🔟 폼의 위쪽 오른편에 있는 X 버튼을 클릭하여 애플리케이션을 종료한다.

⑪ *Readonly*^{읽기전용} 프로퍼티를 True^참 으로 설정한다.

⑫ *F9* 키를 눌러서 애플리케이션을 다시 실행한다. 텍스트박스에 담긴 글을 바꾸려고 해보라, 바뀌지 않도록 되어 있을 것이다. 사용자가 글을 넣지 못하는 텍스트박스를 언제 쓰는지 의아해 할 수도 있겠지만 실제로 상당히 유용하게 쓰인다. 프로그램에서 *Readonly* 프로퍼티 값을 상황에 맞게 변경하면, 데이터 입력을 허용하거나 금지할 수 있기 때문이다.

⑬ X 버튼을 클릭하여 애플리케이션을 종료한다.

TButton^[티버튼]

TButton^{티버튼} 은 주로 프로그램 코드를 실행하도록 명령하는데 사용된다(한글로는 '버튼'이라고 적겠다). 사용자가 *TButton*을 클릭하면 프로그램에게 어떤 행동을 수행하라는 알림이 전달된다. 그 순간, 그 버튼은 마치 실제로 눌린 것 같은 모양으로 변한다.

핫키(hot-key, *F9*과 같은 키보드의 단축키)를 버튼에 연결할 수 있다. 프로그램 실행 중에 핫키를 누르는 것은 연결된 버튼 콘트롤을 마우스 왼쪽으로 클릭하는 것과 같다.

행위를 수행하도록 해보자.

1️⃣ 프로젝트 하나를 새로 만든다.

2️⃣ 오브젝트 인스펙터에서 폼의 *Name* 프로퍼티를 frmButtonExample로 *Caption*을 '버튼 예제'라고 변경한다.

③ 폼 안에 버튼을 하나 올려둔다. 툴 팔레트에서 *TButton* 아이콘을 더블클릭한다. 또는 *TButton* 아이콘을 한번 클릭하고 나서 폼 안의 빈 곳을 다시 한번 클릭한다.

버튼의 이름을 btnMyButton으로 바꿔보자. 오브젝트 인스펙터에서 *Name* 프로퍼티를 클릭하고 btnMyButton을 입력한다. 폼이 아니라 TButton의 프로퍼티를 바꾼 것이 맞는지 다시 확인하자. 스트럭처 뷰에서 Button1: TButton이 보일 것이다 (*Name* 프로퍼티를 변경하면 즉시 btnMyButton: TButton으로 바뀌어 표시된다).

④ *Caption* 프로퍼티를 &Run으로 변경한다. & 바로 뒤에 있는 문자에 밑줄이 생긴다는 것을 알아둔다(이 경우에는 Run의 첫 문자인 R자에 밑줄이 생긴다).

⑤ 이 버튼의 크기와 위치를 바꿔보자.

⑥ 〈F9〉를 눌러서 지금 만든 애플리케이션을 실행한다.

⑦ 지금 만든 버튼을 눌러본다. 버튼 모양은 눌린 것처럼 보인다.

⑧ 〈R〉 키를 눌러서 버튼을 동작시켜본다. 보다시피 핫키를 사용해서 동작시키는 경우, 버튼 모양은 눌린 것처럼 변하지는 않는다. 지금 이 버튼에는 연결되어 있는 프로그램 코드가 없기 때문에 버튼을 눌러도 아무 반응이 없다. 하지만, 버튼이 동작했다는 것을 믿어도 된다.

⑨ 폼의 위쪽 오른편에 있는 X 버튼을 클릭하여 애플리케이션을 종료한다.

btnMyButton 버튼의 캡션이 *Run*이 아니라 <u>R</u>un으로 표시되어있다. 캡션 프로퍼티에서 어느 문자 앞에 & 기호를 놓으면, 그 문자는 그 버튼의 핫키가 되고 버튼의 캡션에서 & 뒤의 문자에는 밑줄이 표시된다. 밑줄 표시는 이 버튼에 핫키가 연결되어있다고 사용자에게 알려주는 표시이다. 사용자들은 키보드에서 〈Alt〉 키와 함께 밑줄 표시된 문자를 눌러서 그 버튼을 동작시킬 수 있다. (버튼이 현재 선택되어 있는 상태라면 〈Alt〉키는 빼고 핫키만 눌러도 동작한다)

만약 캡션에 &표시를 보여줘야 한다면 어떻게 할까? & 표시를 캡션에 넣으면 그 다음 문자를 밑줄 표시하고 &는 화면에 표시되지 않게 된다. 이 문제를 해결하려면 다음 규칙을 따른다. *Caption* 프로퍼티에 (&& 처럼) & 표시 두개가 나란히 있으면 & 표시를 보여줄 수 있다. 예를 들어 Q&A 를 캡션으로 표시하려면, *Caption* 프로퍼티에 Q&&A라고 적는다. 이 경우 핫키가 연결 되지 않는다.

지금까지 본 것처럼, 여러분은 델파이를 가지고 간단한 폼(과 애플리케이션)을 몇 분 만에 만들 수 있다. 사용자 화면^{GUI, Graphical User Interface}이 매우 복잡하여도 지금 배운 방식으로 만들면 된다.

Tip | 이제 여러분은 델파이에서 가장 많이 사용되는 컴포넌트인 폼, 레이블, 텍스트박스, 버튼에 있는 프로퍼티들과 친해졌습니다. 지금 새로 배운 것들을 기초로 하여 이 컴포넌트를 직접 가지고 놀면서 다른 프로퍼티들도 바꾸어 보세요.

버튼 누름 ^{Button Press} 이벤트 다루기 ^{Event Handling}

**마우스 클릭, 버튼 누름, 키보드 누름, 창 열기 등 사용자의 행위에 반응하도록
코드를 작성할 수 있게 됩니다.**

비주얼 컴포넌트에서는 마우스 클릭, 버튼 누름, 키보드 누름, 창 열기 등 수십 종류의 이벤트들을 만들고, 다룰 수 있다. 이것을 이벤트 핸들링^{event handling}이라고 한다.

사용자가 마우스 버튼을 클릭하면 운영체제인 윈도우는 "마우스 버튼이 클릭되었다"는 메시지를 해당 애플리케이션에게 전달한다("윈도우 메시징"이라고 한다). 메시지를 받은 프로그램은 전달 받은 이벤트에 맞게 (만약 프로그래머가 프로그램을 해놓았다면) 반응한다.

시스템 이벤트가 발생하고 나면, 그 이벤트에 대해 반응이 수행되는 것이다.

우리는 이벤트에 반응하여 수행할 행위들의 목록을 작성한다. 이 목록은 코드 편집기^{Code Editor} 창에서 작성한다. 마우스 버튼을 클릭할 때 프로그램이 반응하도록 만들려면 수행할 행위들을 이벤트핸들러^{event handler}라고 하는 코드 블록 안에 적어 넣어야 한다.

코드 편집기 ^{Code Editor} 창

버튼을 더블 클릭하여 코드 편집기 창을 처음 열면 창의 제목에는 파일 이름이 나타난다. 코드 편집기 창 안에 소스 코드 파일 여러 개를 열 수도 있다. 열린 파일들은 각자 자신의 소스 코드 파일 이름이 표시된 탭을 가지고 있다. 프로그램에 창이 3개 떠 있으면 유닛^{unit}도 3개 있는 것이고, 이 3개 모두 소스 코드 편집기 창 안에 들어간다.

단순 이벤트라면 이벤트핸들러^{Event Handler} 프로시저^{Procedure}에게 Sender(이벤트를 발생시켜서 보내는 이)만 파라미터^{parameter, 매개변수}로 전달한다. 복잡한 이벤트를 다루려면 이벤트핸들러 프로시저에게 Sender 이외에도 추가로 더 많은 파라미터들을 전달한다.

애플리케이션에 있는 콘트롤을 사용자가 마우스로 클릭하면, *OnClick*^[온클릭] 이벤트가 발생된다. 마우스로 누르지 않고 키보드에서 콘트롤을 선택하고 엔터키를 눌러도 *OnClick* 이벤트가 발생될 수 있기 때문에 버튼 프레스^{Press} 이벤트라고도 한다. *OnClick* 이벤트는 애플리케이션을 개발할 때 매우 자주 사용된다.

예제로, frmMy 폼 안에 올려놓은 btnMy 버튼에 프레스 이벤트핸들러를 만들어보자.

btnMy 버튼을 더블클릭 한다.

키보드에서 코드를 적는 일을 줄여주기 위해, 델파이가 마우스 버튼 프레스^{mouse button press} 프로시저의 본문을 다음과 같이 자동으로 만들어 낸다.

```
procedure TfrmMy.btnMyClick(Sender: TObject);
begin

end;
```

이때, 마우스 커서는 *begin* 과 *end* 키워드 사이에 있게 된다. 우리는 여기에 폼 윈도우를 닫는(창의 위쪽 오른편에 있는 X 자 종료 버튼과 완전히 같은 기능이다) 명령을 적는다. 지금 이 애플리케이션에는 이 창 하나밖에 없기 때문에, 이 창이 메인^{main} 폼이다. 그러므로 창을 닫으면 프로그램 전체가 종료된다.

frmMy 라고 타이핑하고, 마침표('.')를 찍으면, 잠시 후 델파이에는 코드 완성 선택 목록이 나온다. 여기에는 frmMy 컴포넌트에서 사용될 수 있는 메소드^{method}들과 프로퍼티^{property}들이 모두 있다.

우리는 이 목록에서 알맞은 프로퍼티나 메소드를 선택한다. 나오는 항목이 꽤 많기 때문에, 보다 빠르게 찾으려면 이름의 일부 몇 자를 입력한다. 목록에 표시되는 요소들의 수가 현격하게 줄어든다.

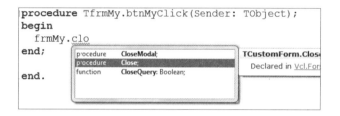

엔터 키를 눌러서 코드 완성을 마친다.

이제 btnMy 명령버튼이 눌리면 바로 반응할 코드가 만들어졌다. 최종 코드는 다음과 같다.

```
procedure TfrmMy.btnMyClick(Sender: TObject);
begin
    frmMy.Close;
end;
```

이 프로그램을 실행시키고, btnMy 명령버튼을 누르면 프로그램이 종료된다. 위 예제에서, 우리는 *Close* 프로시저 즉, 메소드^{method}를 사용해보았다. 메소드를 호출^{call}하는 것은 그 컴포넌트가 무슨 일을 수행할 것인지를 말하는 것이다. 이 예제는 메소드를 호출하는 문장의 구조^{syntax}를 보여준다. 컴포넌트 이름을 먼저 적고 마침표를 찍고 그 뒤에 메소드 이름을 적는다.

```
<컴포넌트 이름>.<메소드 이름>;
```

컴포넌트에는 자신들이 할 수 있는 행위 즉 메소드들이 있다. 서로 다른 컴포넌트이지만 동일한 메소드를 가지고 있는 경우도 가끔 있다.

이번에는 *Clear* 라는 메소드를 사용해보자. 텍스트박스에서 내용을 모두 지우는데 사용된다.

```
Edit1.Clear;
```

위에서도 말했지만, 컴포넌트에는 메소드^{method}들과 프로퍼티^{property}들이 있다.

프로퍼티란 컴포넌트가 가지는 특성들이다. 프로퍼티를 변경하거나 지정하려면 컴포넌트의 이름을 부르고, 그 다음 마침표를 찍고, 그 뒤에 프로퍼티 이름을 명시한다(델파이를 사용하면 코드 완성 목록 중에서 하나를 고르면 된다). 그리고 나서 할당 ^{assignment} 연산자^{operator}를 적고, 마지막으로 프로퍼티에 넣을 값^{value}을 명시한다.

```
<컴포넌트 이름>.<프로퍼티>:=<값>;
```

컴포넌트의 프로퍼티 대부분은 오브젝트 인스펙터 창 목록에 들어 들어있다. 하지만 어떤 프로퍼티들은 오브젝트 인스펙터에 나오지 않기도 한다. 이것은 차차 배우기로 하자. 지금은 명령버튼을 누르면 폼 창의 배경을 하얀색으로 채우는 프로그램을 만들어 보자. 이 프로그램에서는 Color프로퍼티를 사용하기로 한다.

```
procedure TfrmMy.btnMyClick(Sender: TObject);
begin
    frmMy.Color:=clWhite;
end;
```

우리는 컴포넌트 프로퍼티에 값을 넣을 수도 있고, 읽을 수도 있다. 그러므로 한 컴포넌트에 있는 프로퍼티 값을 다른 컴포넌트의 프로퍼티에 적용할 수도 있다.

문장 구조

```
<컴포넌트 1 이름>.<프로퍼티 1>:=<컴포넌트 2 이름>.<프로퍼티 2>;
```

예문

```
lblMy.Caption:=edtMy.Text;
```

위 문장은 텍스트박스 edtMy에 있는 글을 레이블 lblMy의 캡션에 넣도록 지시한다.

수행할 행위가 여러 개일 경우 세미콜론(;) 으로 구분한다.

예문

```
procedure TfrmMy.btnMyClick(Sender: TObject);
begin
    edit1.Clear;
    edit1.Color:=clBlue;
end;
```

이 버튼이 눌러지면 행위 두 개가 적힌 순서대로 수행된다. 텍스트박스가 비워지고, 배경색이 파랑으로 채워진다.

실습

Exercise 1.

폼을 하나 만들고 레이블 하나와 버튼 두 개를 올려둔다. 첫 번째 버튼으로는 레이블을 사용할 수 있게(enable) 하고, 두 번째 버튼은 사용하지 못하게(disable) 한다.

Exercise 2.

폼을 하나 만들고 레이블 하나, 텍스트박스 하나, 버튼 하나를 올려둔다. 버튼을 누르면 텍스트박스의 글이 레이블로 옮겨지고 텍스트박스는 비워지도록 한다.

Exercise 3.

"교통 신호등": 폼을 하나 만들고, 레이블 세 개, 버튼 세 개를 올려둔다. 각 버튼은 알맞은 레이블 하나만 사용할 수 있게(enable) 하고, 나머지 레이블들은 사용하지 못하게(disable) 한다. *Enabled* 프로퍼티를 사용하면 된다.

Exercise 4.

폼을 하나 만들고 레이블 하나를 넣고, 버튼 3개씩 4 모둠(총 12개의 버튼)을 올려둔다. 첫 번째 모둠(3개의 버튼)은 레이블의 배경색^{background color}을 변경한다. 두 번째 모둠(3개의 버튼)은 레이블의 글꼴 색^{font color}을, 세 번째 모둠(3개의 버튼)은 레이블의 글꼴 크기^{font size}를, 마지막 네 번째 모둠(3개의 버튼)은 레이블의 글꼴 ^{font family}을 변경한다.

변수^{Variable} 들, 변수의 타입^{Type} 들, 타입 변환하기^{Conversion}

변수(데이터를 메모리에 담아두는 그릇)을 사용할 수 있게 됩니다.
연산자를 사용하여 변수에 값을 담거나 숫자 계산을 할 수 있게 됩니다.
숫자, 문자 등 여러가지 유형의 데이터를 담기 위한 변수의 타입을 이해합니다.
타입 변환 (예: 숫자 타입에서 문자 타입)을 할 수 있게 됩니다.

입력 ^{input} 을 받아서 한가지 표현식 ^{expression}을 통해 값 ^{value}을 계산해내기 위해, 그것도 단 한번만 하기 위해, 완전한 기능을 갖춘 소프트웨어 프로그램을 작성할 필요는 없다. 하지만, 이런 계산을 자주 해야 하고 게다가 입력이 매번 다르다면, 계산 절차 ^{process} 를 자동화 하는 것이 마땅하다.

할당^{Assignment} 연산자^{Operator}

여러분이 각도^{degree, DEGR}를 라디안^{radian, RAD}으로 변환하고 싶을 때, 변환 공식을 델파이로 적 어보면 다음과 같다.

```
RAD:= (DEGR * 3.14) / 180;
```

할당^{assignment} 연산자^{operator}는 모든 프로그래밍 언어에서 가장 기본이고 중요한 명령이다. 할당 기호 := 오른쪽에 있는 표현식에서 계산된 값은 할당 기호 왼쪽에 있는 변수^{variable} 안 으로 들어간다. 할당 기호는 기호 두 개(: 와 =)로 만든다. 하지만 델파이는 이것을 하나의 기호로 해석한다.

내부 작동 방식은 다음과 같다. 할당 연산자 오른쪽에 있는 수식을 먼저 계산하여 값을 구한다. 그리고 나서 이 값을 할당 연산자 왼쪽에 있는 변수에 할당한다.

할당 연산자 형식

```
<변수 이름>:= <표현식>;
```

이제, 변수^{variable}에 대해 말해보자. 변수란 메모리 안에 있는 어느 위치이며 이름을 가진다. 변수는 안에 들어가는 값에 따라 그 변수를 위해 확보하는 메모리의 크기가 다르다. 모든 변수를 받을 수 있도록 커다란 메모리 공간 하나를 확보할 수도 있겠지만, 그렇게 하면 사용할 수 있는 메모리가 금새 바닥나게 된다. 변수에 할당된 메모리 크기를 정확히 알려면 그 변수의 데이터^{data} 타입^{type}을 알아야 한다.

델파이에서 변수가 필요한 작업이나 이유들은 다양하다. 변수를 사용하려면, 먼저 변수를 정의^{define}해야 한다. 변수 정의 구역은 *var* 키워드로 시작한다. 이 구역은 프로시저 정의 뒤에 이어지는 *begin* 키워드의 앞에 위치한다.

변수 정의 형식

```
var
    <변수 이름>: <데이터 타입>;
```

변수 이름은 다음의 기준에 따라 문자를 나열하여 만든다.

- 영문자, 숫자(0-9), 밑줄
- 반드시 영문자로 시작

변수 이름의 길이는 얼마든지 길어도 되며(문자 수 제한이 없다), 대소문자를 가리지 않는다.

한 글자로 변수 이름을 만들지는 말자. 반복 중인 횟수를 가지고 있기 위한 변수나 잠시만 필요한 변수 등 이름이 될 만한 의미가 없는 경우에는 한 글자로 된 이름도 괜찮다.

반복 중인 횟수를 가지고 있기 위한 변수로는 I와 J를 쓴다. 변수 이름이 한 글자인 다른 예로는 S^{String, [스트링, 문자열]} 또는 R^{Radius, 반지름}이 있다. 이름을 정할 때는 그 변수가 가진 의미를 이

름 만으로 바로 알아 차릴 수 있도록 하자. l(소문자 L)은 변수 이름으로 쓰지 말자. 숫자 1
과 혼동될 수 있다.

예문

```
procedure TfrmMy.btnMyClick(Sender: TObject);
var
    k: Integer;
begin
end;
```

위 예에서 변수 k 를 *Integer* 타입으로 선언하였다.

델파이에는 데이터 타입이 많다. 데이터 타입의 일부를 살펴보자.

정수는 아래에 있는 데이터 타입들 중 하나로 표현할 수 있다.

정수형 데이터 타입(data tape)들

데이터 타입	범위	표현
Integer	−2,147,483,648 ~ 2,147,483,647	32-bit, signed
Cardinal	0 ~ 4,294,967,295	32-bit, 양수
ShortInt	−128 ~ 127	8-bit, signed
SmallInt	−32,768 ~ 32,767	16-bit, signed
LongInt	−2,147,483,648 ~ 2,147,483,647	32-bit, signed
Int64	-2^{63} ~ $2^{63}-1$	64-bit, signed
Byte	0 ~ 255	8-bit, unsigned
Word	0 ~ 65535	16-bit, unsigned
LongWord	0 ~ 4,294,967,295	32-bit, unsigned

이 책에서는 주로 *Integer*[인티저] 정수를 사용한다.

실수를 위한 데이터 타입들도 다양하다. 우리는 *Real*[리얼] 데이터 타입을 쓰겠다.

실수형 데이터 타입(data tape)들

데이터 타입	범위	유효숫자 자릿수 (정밀도)	바이트 (Bytes)
Real48	$\pm 2.9 \times 10^{-39} \sim \pm 1.7 \times 10^{38}$	11 – 12	6
Real	$\pm 5.0 \times 10^{-324} \sim \pm 1.7 \times 10^{308}$	15–16	8
Single	$\pm 1.5 \times 10^{-45} \sim \pm 3.4 \times 10^{38}$	7–8	4
Double	$\pm 5.0 \times 10^{-324} \sim \pm 1.7 \times 10^{308}$	15–16	8
Extended	$\pm 3.6 \times 10^{-4951} \sim \pm 1.1 \times 10^{4932}$	19–20	10
Comp	$-2^{63} \sim 2^{63} -1$	19–20	8
Currency	-922337203685477.5808 $\sim +922337203685477.5807$	19–20	8

실수는 정규화된 과학 표기법(지수 표기법)으로 표현한다. 예를 들어,

$$3.28 \cdot 10^{17} \qquad 1.4 \cdot 10^{-9} \qquad -5.101 \cdot 10^{4}$$

델파이에서, 이 숫자들은 다음과 같이 적는다.

3.28e+17	1.4e−09	−5.101e+4
328e15	0.14e-8	−5101e+1
0.328e+18	140e-11	−510100e−1

산술[Arithmetic] 표현식[Expression]

할당 연산자를 다시 살펴보자. 왼쪽에 있는 값의 데이터 타입은 오른쪽에 있는 산술 표현식에서 계산된 결과값이 가지게 되는 데이터 타입과 짝이 맞아야 한다.

산술[Arithmetic] 표현식[Expression]은 규칙에 맞는 산수 계산 표현식이다. 이것은 상수[constant], 변수[variable], 함수[function], 산술 연산자(+,*,−, / , 지수 등), 괄호 (와) 를 가지고 만든다.

산술 표현식에 사용되는 연산자(operators)들

연산자	연산자 이름	피연산수의 데이터 타입	결과 데이터 타입
+	더하기	Integer	Integer
		Real이 1개 이상 있으면	Real
−	빼기	Integer	Integer
		Real이 1개 이상 있으면	Real
*	곱하기	Integer	Integer
		Real이 1개 이상 있으면	Real
/	나누기	Real, Integer	Real
Div	인티저 나누기	Integer	Integer
Mod	인티저 나누기의 나머지	Integer	Integer

예문

13 div 4 = 3   13 mod 4 = 1

−13 div 4 = −3   −13 mod 4 = −1

13 div −4 = −3   13 mod −4 = 1

−13 div −4 = 3   −13 mod −4 = −1

0 div 2 = 0   1 mod 2 = 1

2 div 5 = 0   2 mod 5 = 2

계산된 값이 정수라면, 실수 데이터 타입 안에 넣을 수 있다. 하지만, 반대로 실수 값을 정수 타입에 넣을^{assign} 수는 없다.

숫자 두개를 더하기

frmCalc라는 폼을 만들고 그 안에 edtA과 edtB라는 텍스트박스 2개, btnAdd라는 버튼 하나, lblResult라는 레이블 하나를 올려둔다.

btnAdd 버튼의 *Caption* 프로퍼티를 셋팅한다. 텍스트박스의 *Text* 프로퍼티는 비워둔다. btnAdd 버튼을 더블클릭한다. 코드 창이 나타난다. 우리는 여기에 버튼 클릭 이벤트핸들러의 코드를 작성한다.

먼저 변수를 선언하자.

```
var
a, b, c: Single;
```

텍스트박스 edtA에서 a 값을, edtB에서 b 값을 가져온다. 텍스트박스에는 *String*^{문자열} 값이 들어간다는 점을 명심하자. 문자열을 숫자 데이터 타입으로 변환해야 덧셈을 할 수 있다. 함수 *StrToFloat*(문자열)를 사용한다.

```
begin
    a:= StrToFloat(edtA.Text); //숫자 A에 값을 넣는다.
    b:= StrToFloat(edtB.Text); //숫자 B에 값을 넣는다
    c:= a + b; //A와 B를 더한다
    lblResult.Visible:= True; //레이블이 보이도록 한다
    lblResult.Caption:= FloatToStr(c); //결과값을 레이블에 넣는다 (넣기 전에 우선
String으로 변환해야 한다)
end;
```

변수 두 개를 더한 결과는 세 번째 변수 c에 저장하고, 그 결과를 다시 *String*으로 변환하기 위해 *FloatToStr*(숫자)을 사용한다. 그리고 나서 lblResult 레이블을 표시한다. 레이블을 표시하는 코드를 다음과 같이 바꾸면 결과가 더 좋게 표현된다.

```
lblAnswer.Caption:= edtA.Text +'+' +edtB. Text +'=' +FloatToStr(c);
```

델파이에서 *StrToFloat*과 *FloatToStr*을 사용할 때에는 소수점 형식을 잘 보아야 한다. 프로그램 유닛^{Unit} 안에서 소수점 표시는 반드시 마침표만 사용할 수 있다. 하지만, 입력 창이나 출력 창에 표시되는 소수점은 운영체제의 지역 설정에 따라 달라진다. 예를 들어 유럽 국가들 중에는 소수점으로 쉼표를 사용하는 곳도 많다.

함수 *IntToStr*(정수)은 *Integer*를 *String*으로, 함수 *StrToInt*(문자열)는 *String*을 *Integer*로 변환한다.

실습

Exercise 1.

텍스트박스 2개, 레이블 1개, 버튼 4개를 사용하여, 사칙연산을 하는 계산기를 만들자.

Exercise 2.

화씨^{Fahrenheit}와 섭씨^{Celsius}를 서로 변환해주는 프로그램을 만들자.

(Tf=9/5*Tc+32).

Exercise 3.

시속 0 km와 초속 0 m 를 서로 변환해주는 프로그램을 만들자.

Memo

표준 수학 함수들

다양한 표준 수학 함수를 사용하여 수학 계산을 합니다.

Tip | 이 모듈의 연습 문제를 풀 때, 많이 생각해보고, 너무 버거우면 구글 검색에게 물어보세요.

표현식에서, 표준 연산자를 사용하여 표준 수학 함수를 사용할 수 있다. 함수를 사용할 때에는 인자^{argument}와 결과값의 타입에 주의해야 정확한 결과를 얻을 수 있다.

델파이 언어에 있는 표준 함수들

함수	계산	입력 매개변수 (Input Parameter)	결과값 타입	예문
ABS(X)	숫자의 절대값을 반환	X — REAL 또는 INTEGER 값	매개변수와 같은 타입	ABS(2.0) = 2.0000e+00;
SQR(X)	숫자의 제곱값을 반환	X — REAL 또는 INTEGER 값	매개변수와 같은 타입	SQR(3) = 9; SQR(−2.0) = 4.0000e+00;
SQRT(X)	숫자의 제곱근을 반환	X — REAL 또는 INTEGER 값	REAL	SQRT(16) = 4.0000e+00; SQRT(25.0) = 5.0000e+00;
EXP(X)	숫자의 거듭제곱값을 반환	X — REAL 또는 INTEGER 값	REAL	EXP(0) = 1.00000e+00; EXP(−1.0) = 3.67879e−01;
LN(X)	지수 함수 값을 반환	X — REAL 또는 INTEGER 값	REAL	LN(1) = 0.00000e+00 LN(7.5) = 2.01490e+00

함수	계산	입력 매개변수 (Input Parameter)	결과값 타입	예문
SIN(X)	사인 값을 반환	X — REAL 또는 INTEGER 값, 라디안에서	REAL	SIN(0) = 0.00000e+00; SIN(1.0) = 8.41471e−01
COS(X)	코사인 값을 반환	X — REAL 또는 INTEGER 값, 라디안에서	REAL	COS(0) = 1.00000e+00; COS(1.0) = 8.41471e−01
ARCTAN(X)	적분 값을 반환	X — REAL 또는 INTEGER 값	REAL	ARCTAN(0) = 0.0000e+00 ARCTAN(−1.0) = −7.8539e−01
ROUND(X)	실수를 반올림하여 만든 정수 값을 반환	X — REAL	INTEGER	ROUND(3.1) = 3; ROUND(−3.1) = −3; ROUND(3.8) = 4; ROUND(−3.8) = −4; 주의: 소수점 아래가 .5 인 경우 가장 가까운 짝수로 된다 ROUND(3.5) = 4; ROUND(2.5) = 2;
TRUNC(X)	소수점 아래를 버리고 정수 부분만 반환	X — REAL	INTEGER	TRUNC(3.1) = 3; TRUNC(−3.1) = −3; TRUNC(3.8) = 3;
INT(X)	소수점 아래를 버리고 정수 부분만 반환	X — REAL	REAL	INT(3.1) = 3.00000E+00 INT(−3.1) = −3.00000E+00 INT(3.8) = 3.00000E+00

실습

Exercise 1.

실수를 가지고, 정수 부분과 소숫점 아래 부분을 나누어 표시하자.

Exercise 2.

지구가 완전한 공 모양이고 반지름 R=6350km 라고 가정할 때, 현재 위치와 그 위치에서 보이는 지평선까지 거리를 구하는 프로그램을 작성해보자. 현재 위치에서 위로 높이 올라 갈수록, 보이는 수평선까지의 거리는 멀어진다.

Tip | 열심히 생각해보다가 잘 안되면 구글에게 '수평선 거리 계산'이라고 물어보세요. 구글에게 물어보는 것이 창피한 것이 아닙니다. 프로그래머 역시 문제를 해결하기 위해 구글 검색의 도움을 많이 받습니다. 중요한 것은 '내가 생각하면서 프로그래밍을 한다'는 것입니다.

Exercise 3.

키보드를 통해서 입력된 숫자 3개의 합과 곱을 계산하여 표시하자.

Exercise 4.

삼각형의 세 꼭지점 좌표가 정해지면 둘레와 면적을 표시하자.

Exercise 5.

나무로부터 떨어진 거리와 그 곳에서 나무의 꼭대기를 보는 각도가 주어지면 나무의 키를 계산하자. 결과는 다음과 같이 표시되어야 한다.

나무의 키는 : 2 m 87 cm

Memo

논리 표현들. Boolean 타입 변수들. 논리 연산들

**참과 거짓을 판단하는 논리 표현들을 사용할 수 있게 됩니다.
크고 작은 것을 비교할 수 있게 됩니다.**

할당^{Assignment} 구문 오른쪽에는 산술 표현식뿐만 아니라 논리 표현식 등 다양한 유형의 표현식들이 올 수 있다.

논리^{Logical} 표현식(불리언^{Boolean} 표현식) 의 결과는 True^참 또는 False^{거짓} 중 하나이다. 이 결과 즉 논리 표현식의 결과는 Boolean^{불리언} 변수에 넣는다.

논리^{Logical} 변수 예문

```
var
    Exist: Boolean;
```

불리언^{Boolean}이라는 이름은 수학 논리의 기초를 세운 영국의 수학자 조지 불^{George Boole}을 기리기 위해 붙여졌다. 불리언^{Boolean}과 논리적^{Logical} 은 대개 같은 뜻으로 쓰인다.

논리 표현식은 산술 표현식, 관계 연산자, 논리 연산자로 작성할 수 있다.

관계^{Relational} 연산자들

관계^{Relational} 연산자는 두 값을 비교한다. 결과는 True^참 또는 False^{거짓}이다.

관계 연산자들

=	같다
⟨⟩	같지 않다
⟨	더 작다
⟨=	더 작거나 같다
⟩	더 크다
⟩=	더 크거나 같다

예문

```
var
   X: Real;
   Exist, Ok: Boolean;
begin
   X:= 2.5;
   Ok:= X > 0;
   Exist:= (X = 3-27);
end;
```

이 프로그램을 실행한 결과, Ok 변수에는 True가, Exist 변수에는 False가 저장된다.

논리^{Logical} 연산자들

논리^{Logical} 연산자는 논리 값(True 또는 False)들과 함께 사용되며, 결과 역시 논리 값이다. 논리 연산자들은 다음과 같다.

NOT

AND

OR

논리 연산자들과 값들

X	Y	Not X	X And Y	X Or Y
False	False	True	False	False
False	True	True	False	True
True	False	False	False	True
True	True	False	True	True

표현식의 값을 계산할 때는 정해진 계산 우선 순위가 있다.

연산자 우선 순위 표

표현 유형	연산자
괄호 안의 값을 도출	()
함수의 값을 도출	함수(Function)들
단항Unary 연산자	not, 단항 연산자인 '–' (이것은 음수를 양수로, 양수를 음수로 바꾼다)
곱셈 같은 연산자	* / div mod and
덧셈 같은 연산자	+ – or
비교Relational 연산자	= ⟨⟩ ⟨ ⟩ ⟨= ⟩=

우선 순위가 같은 연산자는 표현식에 적힌 왼쪽부터 오른쪽으로 순서대로 값을 계산한다.

연산자의 순서를 살펴보기 위해 (a*2>b) or not (c=7) and (d-1⟨=3) 수식에 a=2, b=4, c=6, d=4 를 대입해서 계산해보자.

```
(2*2>4) or not (6=7) and (4-1<=3)
(4>4) or not (6=7) and (3<=3)
False or not False and True
False or True and True
False or True
True
```

산술 구문 - 4 〈 x ≤ 18.3 은 델파이로 다음과 같이 적는다.

```
(x > -4) and (x <= 18.3)
```

실습

 Tip | 혹시 연습문제가 너무 어려우면 표시해두고 다음으로 넘어가세요. 좀더 알게 되면, 표시해둔 연습문제에 다시 도전해보세요.

Exercise 1.

폼을 하나 만들고 레이블 하나를 올린다. 버튼 하나를 올리고, 이 버튼을 사용하여 레이블에 표시되는 글을 On과 Off로 바꿔보자.

Exercise 2.

"교통 신호등": 폼을 하나 만들고 레이블 3개와 버튼 3개를 올린다. 버튼은 각자 자기의 레이블(빨강, 노랑, 녹색)을 켜고, 다른 색상을 가진 레이블은 끈다.

Exercise 3.

폼을 하나 만들고, 텍스트박스 2개와 버튼 하나를 올린다. 버튼을 누르면 텍스트박스에 있는 값을 서로 비교하여 첫 번째 텍스트박스의 값이 더 큰 경우에는 True라는 레이블이 나타나고 그렇지 않은 경우에는 False라는 레이블이 나타나도록 하자.

Exercise 4.

세 자리 정수가 텍스트박스에 입력되는 프로그램을 작성한다. 3 개의 숫자 중에서 어느 2 개 수의 합이 나머지 하나와 같은 경우 True라는 레이블이 나타나고 그렇지 않은 경우에는 False라는 레이블이 나타나도록 하자.

프로그램에서 조건에 따라 실행.
IF⋯THEN⋯ELSE 문

참과 거짓을 판단하는 논리 표현들을 사용할 수 있게 됩니다.
크고 작은 것을 비교할 수 있게 됩니다.
조건에 따라 다른 행위를 할 수 있도록 프로그램을 만들 수 있게 됩니다.

지금까지는 작동할 행위의 순서가 정해진 프로그램을 작성하였다. 이런 프로그램은 작성된 순서대로 진행된다. 하나의 행위가 실행되고 나서 그 다음이 실행되는 방식이다. 이런 프로그램 구조를 선형^{linear} 프로그램 구조라고 한다.

실생활에서, 우리는 종종 다양한 선택을 하게 된다. 우리는 바깥 날씨가 춥다면 두꺼운 옷을 입고, 그렇지 않으면 얇은 옷을 입는다.

이 상황을 플로우차트^{flowchart, 흐름도}로 그려보면,

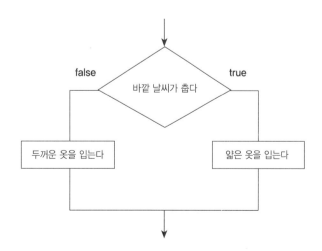

다이아몬드 모양의 상자에 적힌 "바깥 날씨가 춥다" 구문이 참이나 거짓이냐에 따라 우리는 "두꺼운 옷을 입는다" 또는 "얇은 옷을 입는다"라는 행위를 한다.

이런 구조를 브랜칭^{branching, 가지치기} 구조라고 한다.

대안이 2 개 이상인 상황에서, 하나를 선택하는 경우는 프로그램에서 매우 일반적이다. 델파이 언어에서는 *if… then…else* 구문을 사용하여 이런 선택 상황을 처리한다.

문장 구조

```
if <논리 표현식> then
    <구문 1>
else
    <구문 2>;
```

*if…then…else*를 실행하는 순서는,

논리 표현식(조건 표현식)의 값을 먼저 도출하고,
만약 논리 표현식의 결과가 True 이면, 구문 1을 실행하고,
그렇지 않으면(논리 표현식의 결과가 False이면), 구문 2를 실행한다.

예문 1.

정수 2 개가 주어지면, 그 중 가장 큰 값을 계산해보자.

해법

```
procedure TfrmMy.btnMaxClick(Sender: TObject);
var
    a, b, m: Integer;
begin
    a:= StrToInt(edtA.Text);
    b:= StrToInt(edtB.Text);
    if a>b then
        m:= a
    else
```

```
        m:= b;
    lblMax.Caption:= IntToStr(m)
end;
```

잘 보면 *if*⋯*then*⋯*else* 구문에서 *else* 앞에는 ;^{세미콜론}이 없다. *if*⋯*then*⋯*else* 는 복잡하지만 "한 문장"이기 때문에 *else* 앞에서 문장이 그냥 끝나버리면 안 된다. 만약 *else* 앞에 ;^{세미콜론}을 넣고(문장을 끝내고), 이어서 *else*에서부터 시작하면, *if*가 없는 *else*문장이 되어버린다.

델파이 언어로 작성할 때, 하나의 행위만을 허용되는 상황에서 여러 가지 행위를 실행해야 한다면 복합^{compound}문을 사용하면 된다. 복합문은 여러 개의 문장을 *begin*⋯*end*(연산자 괄호) 안에 넣는다.

예를 들어 *then* 또는 *else*에 의해 갈라지게 되는 곳에 하나 이상의 문장을 실행해야 한다면, *begin*⋯*end*(연산자 괄호) 안에 이 문장들을 넣으면 된다.

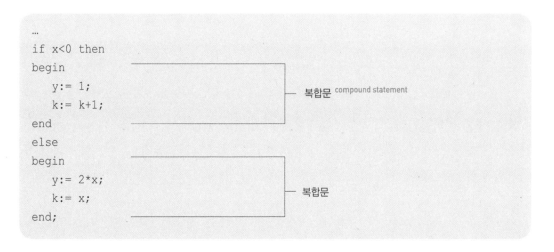

가끔 선택 방식이 다를 수도 있다.

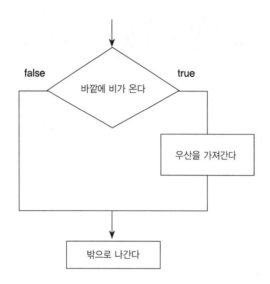

이런 구조는 *else*가 없기 때문에, 더 짧게 *if…then* 구문으로 작성한다.

문장 구조

```
if <논리 표현식> then
    <구문 1>;
```

이와 같이 짧은 버전의 조건^{conditional} 문에서도 긴 버전과 실행 방식은 같다. 만약, 논리 표현식에서 도출된 값이 True이면, 구문 1이 실행된다. 그렇지 않다면 *if…then* 문장에서는 실행되는 문장이 전혀 없다.

실습

Exercise 1.

2 개의 정수 m과 n을 사용자로부터 입력 받는다.
만약 n을 m으로 나누어 정수가 딱 떨어질 수 있다면, n을 m으로 나눈 값을 표시한다. 그렇지 않으면 "n은 m으로 나눌 수 없습니다"라는 메시지를 표시한다.

Exercise 2.

세 자리 정수를 받아서, 바로 읽든 거꾸로 읽든 같은 수(예: 373)가 되는지를 알아내보자.

Exercise 3.

서로 다른 3개의 실수 중에서 최대값과 최소값을 찾아 내보자.

Exercise 4.

집이 하나 있는데 이 집에는 방이 n개가 있고 각 방에는 순서대로 방 번호가 붙어 있다. 번호는 a 부터 시작한다. 이 집에 있는 모든 방의 번호를 더하면 짝수인지 아닌지를 알아내보자.

Memo

중첩된 IF···THEN···ELSE 문. 작업 해결 실습하기

조건 안에 다른 조건을 중첩하여 처리하도록 할 수 있습니다.

then 와 *else* 안에 있는 구문이 조건 ^{conditional} 문일 수도 있다. 이와 같이 조건문 안에 들어 있는 조건문을 중첩된^{nested} 조건문이라고 한다.

예문

```
if <논리 표현식 1> then
    <구문 1>
else
    if <논리 표현식 2> then
        <구문 2>
    else
        <구문 3>;
```

각 구문(구문 1, 구문 2, 구문 3)이 복합문일 수도 있다. 예를 들어 then 또는 else 안에 구문 2개 이상을 적어야 한다면 이것들을 *begin··· end* 블록으로 둘러싸면 된다.

예문

```
if < 논리 표현식 1> then
begin
    <구문 1>
    if <논리 표현식 2> then
    begin
        <구문 2>;
        <구문 3>;
    end
    else
        <구문 4>;
end
else
    if <논리 표현식 3> then
        <구문 5>
    else
    begin
        <구문 6>;
        <구문 7>;
    end;
```

다음 코드를 살펴 보자.

```
if <논리 표현식 1> then
    if <논리 표현식 2> then
        <구문 1>
    else
        <구문 2>;
```

*else*가 어느 *then*에 속한 것인지가 불분명할 수 있다(첫 번째 *then*일까 아니면 두 번째 *then* 일까?). *else*는 가장 가까운 *if*에 속하는 것이 원칙이다.

혼란을 피하고 실수를 방지하려면, 중첩된[nested] *if*··· *then*··· *else*를 넣을 때는 *begin*··· *end* 블록으로 싸서 넣는 것이 좋다.

실습

Exercise 1.

이차방정식 $Ax^2+Bx+C=0$ $(A \neq 0)$에서 제곱근을 구해보자. 만약 이 방정식에 유효한 제곱근이 없다면 "유효한 제곱근이 없습니다"라는 메시지를 표시하자.

Exercise 2.

연도가 주어지면 윤년인지 아니지를 알아내자. 연도를 4로 나눌 수 있으면 윤년이다. 하지만 이 중에는 4 뿐만 아니라 100으로도 나눌 수 있는 연도들도 있는데, 이 경우에는 400으로 나눌 수 있는 경우만 윤년이다. 예를 들어, 1700, 1800, 1900은 윤년이 아니다. 하지만 2000은 윤년이다.

Exercise 3.

실수 X, Y $(X \neq Y)$ 가 주어지면, 작은 수는 두 수의 평균값으로 바꾸고, 큰 수는 자신의 3배로 바꿔보자.

Exercise 4.

10111213 … 9899 는 두 자리 숫자를 10에서 99까지 나열하여 만든 180 자리 문자열이다. 정수 k (1 <= k <= 180) 가 주어지면, 이 180자리 문자열에서 앞에서 k번째 순서에 있는 숫자가 무엇인지 찾아보자.

Memo

프로시저^{Procedure} 들

프로그램이 복잡해지지 않도록, 목적에 따라 프로시저를 만들 수 있게 됩니다.
그리고 이것을 활용할 수 있게 됩니다.
프로시저를 사용할 때 필요한 데이터를 넘기고 받을 수 있게 됩니다.

프로그래밍 언어의 연산자들을 안다고 해서, 편하게, 짧은 시간 만에, 오류가 거의 없이 프로그램을 작성할 수는 없다. 오히려 구조적 structured 프로그래밍 이나 절차적 procedural 프로그래밍의 기술과 원칙에 능숙해야 한다.

원칙들을 실제로 적용하여 얻게 되는 장점들은,

• 프로그램을 보다 편하게 작성할 수 있다.

• 이해하기 쉽고, 읽기 쉬운 프로그램을 만들 수 있다.

• 프로그램의 오류 error 를 더 재빠르게 찾아낼 수 있다.

• 프로그램을 더 재빠르게 변경하고 향상시킬 수 있다.

구조적 structured 프로그래밍의 가장 중요한 원칙 중 하나는 탑-다운 top-down 프로그래밍이다. 원칙은 어떤 프로그램이든 먼저 주요 main 작업 task 을 하위작업 subtask 몇 개로 나눈다. 그리고 나서, 각 하위작업을 다시 더 단순한 하위작업들 몇 개로 나눈다. 나누기를 계속하여 결국 아주 단순하고 구현하기 쉬운 작업이 되도록 한다.

쪼개진 하위작업을 델파이에서는 프로시저 Procedure, 처리, 진행, 절차 라고 부른다.

이차방정식의 근을 구하는 문제를 풀어보자. 이차방정식의 계수 3개는 입력 받기로 한다.

먼저, 새 폼을 하나 만들고 frmQuadEq 라고 이름을 붙인다. *Caption* 프로퍼티에는 '이차방정식 문제 풀이' 라고 적는다.

계수를 받을 텍스트박스 edtA, edtB, edtC 를 폼에 올린다. 이 텍스트박스들에 입력되는 값 3개를 계수로 한다. 텍스트박스의 *Text* 프로퍼티에서 읽으면 된다.

텍스트박스들 위에는 레이블 lblCoefs 를 두고 *Caption* 프로퍼티에 '이차방정식의 계수를 입력하세요' 라고 적는다.

레이블 lblX1, lblX2 를 올리고 여기에 이차방정식의 근 2개를 표시한다. 레이블 lblNo 도 추가하고 *Caption* 프로퍼티에 '근이 없습니다' 라고 적는다. 이 레이블 3개 모두 *Visible* 프로퍼티를 False 로 설정하여 프로그램이 시작될 때는 보이지 않도록 한다.

문제 풀기를 실행하도록 명령할 버튼 btnFind를 올린다. btnFind 버튼을 더블클릭하면 코드 편집기 화면이 표시된다. 이제 코드를 작성한다.

먼저 문제 풀이를 주석^{comment}으로 적어보자. 델파이에서 주석은 { } ^{대괄호} 안이나, // ^{빗금 두개} 뒤에 적는다.

```
//이차방정식의 계수 A,B,C를 읽는다.
//판별식D를 계산한다.
//if D >= 0 then (D가 0보다 크거나 같으면)
    //방정식의 근 X1과 X2를 계산한다.
    //근을 표시한다.
//else (그렇지 않으면)
    //사용자에게 해법이 없다고 알린다.
```

위에 적은 풀이를 수행하려면 변수^{variable}, 프로시저^{procedure}, 함수^{function} 가 필요하다. 델파이에서 한 문장으로 해결할 수 있는 경우라면, 그 문장 하나만 적기로 한다. 하지만 여러 문장으로 적어야 해결할 수 있다면 프로시저를 하나 만들고 그 안에 문장들을 넣는다.

위에서 주석으로 작성한 문제 풀이를 델파이로는 아래와 같이 적을 수 있다.

```
procedure TfrmQuadEq.btnFindClick(Sender: TObject);
var
    A, B, C, D, X1, X2: Real;
begin
    CoefInput(A, B, C); //계수 A,B,C를 읽는다.
    D:= Sqr(B)-4*A*C; //판별식D를 계산한다.
    if D>=0 then //(D가 0보다 크거나 같으면)
    begin
        Calc(A, B, D, X1, X2); //A,B,D를 이용해 근 x1, x2를 계산한다.
        Prn(X1, X2); //근 x1, x2를 출력한다
    end
    else //그렇지 않으면
        lblNo.Visible:=True; //사용자에게 해법이 없다고 알린다.
end;
```

위에 있는 프로시저의 본문 안에는 프로그램에서 실행해야 행위들 즉 프로시저^{Procedure, 처리,} ^{진행, 절차} 들이 들어있다. 그리고 각 프로시저 이름 뒤에 있는 괄호 안에 있는 값들은 프로시저의 파라미터^{parameter, 매개 변수}라고 한다..

위 예문에서는 CoefInput, Calc, Prn 이 프로시저 이름이다. 델파이는 코드를 실행하면서, 델파이 문법의 키워드나 명령어가 아닌 이름을 만나게 되면, 그 이름을 가진 프로시저에게 통제권을 넘긴다. 이것을 프로시저 호출^{call} 이라고 한다. 통제권을 받은 프로시저는 자신의 구문들을 실행하고 마치면 통제권을 다시 자신을 호출했던 루틴^{routine}에게 넘겨준다. 그러면 그 루틴은 프로시저를 호출했던 문장의 다음에 있는 문장부터 진행을 계속한다.

프로시저 호출^{call} 문장 구조

> <프로시저 이름> (<프로시저에게 넘겨줄 파라미터들>) ;

프로시저를 호출하려면, 그 프로시저가 만들어져 있어야 한다. 즉, 우리는 호출하기 전에 먼저 구현^{Implementation} 구역에 프로시저 정의^{definition} 문장을 작성해야 한다.

프로시저 정의^{definition} 문장 구조

```
procedure <프로시저 이름> (<프로시저가 사용하는 파라미터들의 이름과 타입>) ;
    <필요한 변수 등을 선언>
begin
    <구문들>
end;
```

위에서 보다시피, 프로시저를 호출 ^{call} 할 때에는 프로시저에게 넘겨줄 파라미터들을 넣어서 전달한다. 프로시저 정의 ^{definition} 구문에는 프로시저에서 사용하는 파라미터들의 이름과 타입을 명시한다. 프로시저를 호출할 때에는 프로시저 정의 구문에 명시된 파라미터들의 개수, 순서, 타입까지 모두 맞추어서 파라미터를 넘겨주어야 한다.

이제 손수 만드는 프로시저 즉 사용자 정의^{user-defined} 프로시저를 만들어 보자. Prn 프로시저부터 시작하겠다.

> **Tip** | 파라미터는 데이터를 다른 프로시저에게 전달하기 위해 사용합니다. 데이터를 전달하는 방식은 크게 2가지가 있습니다. 넘겨주는 데이터의 '값만 알려주는 값 파라미터 방식(Call By Value)'과 데이터가 들어 있는 '그릇을 통채로 넣어서 전달하는 변수 파라미터 방식(Call By Reference)' 입니다. 파라미터를 정의할 때 (호출할 때가 아님!) var 키워드가 이름 앞에 붙으면 변수 파라미터이고, var 키워드가 없이 단지 이름과 타입만 있으면 값 파라미터입니다.

아래와 같이 프로시저 Prn에서는 Xf과 Xs라는 2개의 파라미터를 사용한다. 앞에 있는 버튼 클릭 이벤트 예문에서 Prn 프로시저를 호출하는 곳을 보면, 변수 X1과 X2를 프로시저 Prn에 정의된 파라미터 Xf과 Xs에 넣어서 전달한다. Xf과 Xs는 값^{value} 파라미터이다. 따라서 호출하는 곳^{caller}에서는 Prn 프로시저에게 값만 알려줄 뿐 되돌려 받지 않는다.

```
procedure Prn(Xf, Xs: Real);
begin
   frmQuadEq.lblX1.Visible:= True;
   frmQuadEq.lblX1.Caption:= 'x1='+FloatToStr(xf);
   frmQuadEq.lblX2.Visible:= True;
   frmQuadEq.lblX2.Caption:= 'x2='+FloatToStr(xs);
end;
```

위에서 파라미터로 근의 값들을 전달 받은 Prn 프로시저는 이 값들을 레이블에 넣어서 보여준다. 위 문장에서 frmQuadEq을 빼고 lblX1.Visible:= True 라고만 적으면 오류가 발생된다. 사용자 정의user-defined 프로시저 안에서는 사용할 컴포넌트의 전체 이름을 적어야 한다. (컴포넌트를 찾으려면 컴포넌트가 속해 있는 폼의 이름까지 모두 명시되어 있어야 한다. 대체로 프로그램에는 폼이 여러 개 들어 있기 때문이다)

계수들을 담는 프로시저를 작성해보자. 텍스트박스에서 입력된 숫자를 가져와 변수에 넣어야 한다. 프로시저를 호출할 때, 데이터를 전달할 뿐만 아니라 돌려 받기까지 하려면, 값이 아니라 변수를 파라미터로 넘겨주어야 한다. 이런 파라미터를 변수variable 파라미터parameter라고 한다. 값이 아니라 값을 담는 그릇 즉 변수이기 때문에 정의 구문에서 *var* 키워드를 앞에 붙인다. 호출하는 곳에서도 당연히 여기에 변수를 담아서 넘겨주어야 한다.

아래 구문에서 파라미터 k1, k2, k3 는 변수 파라미터이다. 따라서 CoefInput 프로시저를 호출 하는 곳에서는 자신이 가지고 있는 변수를 CoefInput 프로시저에게 넘겨주게 된다. 즉 CoefInput 프로시저의 k1, k2, k3 각각은 곧 호출한 곳 (즉 위의 버튼 클릭 이벤트핸들러)에서 넘겨준 변수 A, B, C를 프로시저 안에서 부르는 다른 이름이 되는 것이다. 그 결과 아래와 같이 k1, k2, k3의 값을 변경하게 되면, 호출한 곳에 있는 변수 즉 A, B, C의 값이 변경된다.

```
Procedure CoefInput(var k1, k2, k3: Real);
begin
   k1:= StrToFloat(frmQuadEq.edtA.Text);
   k2:= StrToFloat(frmQuadEq.edtB.Text);
   k3:= StrToFloat(frmQuadEq.edtC.Text);
end;
```

위에서 *StrToFloat* 함수가 사용되었다. 키보드로 입력되는 텍스트박스의 *Text* 프로퍼티는 *String* 타입이다. 하지만, 우리는 연산을 하기 위해 변수를 *Real* 타입으로 만들었기 때문에 *StrToFloat*를 사용하여 타입 변환conversion을 해주어야 한다. *StrToFloat* 함수를 적어 넣을 때에 도 델파이 코드 완성 기능을 이용해 손쉽고 정확하게 입력할 수 있다.

이제 마지막 프로시저를 정의할 차례이다 ―우리는 공식에 따라 방정식의 근들을 계산하 고 찾아낸 근의 값들을 반환해야 한다. 따라서 이 프로시저에서 Xf 와 Xs 를 변수variable 파 라미터로 받기로 한다. 하지만, 반환할 필요가 없는 판별식 값과 첫 번째, 두 번째 계수는 값value 파라미터로 넘겨받는다.

```
procedure Calc(k1, k2, dis: Real; var Xf, Xs: Real);
begin
   Xf:=(-k2+Sqrt(dis))/(2*k1);
   Xs:=(-k2-Sqrt(dis))/(2*k1);
end;
```

프로그램을 실행하고, 계수들을 입력한 후 버튼을 클릭하면, 폼 안에 레이블들이 표시된 다. 다시 다른 계수들을 가지고 근을 구하려면 텍스트박스에 다른 계수를 입력한다. 하지 만 화면에는 여전히 이전에 계산된 값들이 남아 있어서 보기가 좋지 않다. 이제 깨끗한 화 면에서 새로 계산을 시작할 수 있도록, 화면을 정리해주는 프로시저를 하나 추가해보자. 이 프로시저는 파라미터가 필요없다. 프로시저의 이름은 Init 라고 하자. 화면을 깨끗이 하고 싶을 때면, 이 프로시저를 호출하면 된다.

```
procedure Init;
begin
    frmQuadEq.lblX1.Visible:=False;
    frmQuadEq.lblX2.Visible:=False;
    frmQuadEq.lblNo.Visible:=False;
end;
```

실습

Exercise 1.

프로그램을 하나 만들어서 변수 A의 값과 B의 값을 교환하고, 변수 C의 값과 D의 값을 교환해보자. 2개의 변수를 교환하는 프로시저를 정의하도록 한다.

Exercise 2.

삼각형의 세 변의 길이를 입력 받아서, 삼각형의 둘레와 면적을 계산하는 프로시저를 만들어보자.

Exercise 3.

반지 모양의 안쪽 지름 R1과 바깥쪽 지름 R2를 받아서 반지의 면적을 알아내자. 원의 면적을 계산하는 프로시저를 정의하도록 한다.

Exercise 4.

볼록사각형의 네 꼭지점들의 좌표를 받아서 그 볼록사각형의 면적을 계산해보자.

Memo

함수^{Function} 들

처리한 결과를 알려줘야 하는 프로시저는 함수로 만들어서 활용합니다.

이제 함수를 살펴보자. 함수^{Function}는 프로시저와 거의 같다. 차이점은 값을 반환^{returen}해 주는 문장이 하나 더 들어 있다는 것뿐이다.

델파이 안에는 수많은 함수들이 미리 만들어져 있다. 하지만, 함수를 직접 만들어야 하는 상황도 많다. 예를 들어 아래의 예문을 보면 Tg(A) 라는 함수를 사용하여 문제를 풀도록 되어 있다. 하지만 델파이 안에는 Tg(A) 라는 함수가 없다.

직각삼각형이 있다. 빗변이 아닌 변 하나의 길이와 이 변과 빗변 사이의 각도를 받아서, 빗변이 아닌 다른 한 변의 길이를 계산해보자.

버튼을 더블 클릭하여 코드 편집기를 연다.

```
procedure TfrmCatheti.btnRunClick(Sender: TObject);
var
    a, b, alfa: Real;
begin
    alfa:= StrToFloat(edtAlfa.Text); //alfa 각도를 읽는다.
    a:= StrToFloat(edtA.Text); //인접한 변 a의 길이를 읽는다.
    b:= a*Tg(alfa); //빗변이 아닌 또 다른 변 b의 길이를 계산한다.
    lblB.Caption:= FloatToStr(b); //b를 출력한다.
end;
```

우리는 우리의 함수를 구현^{implementation} 구역 안에 적어 넣으면 된다. 함수를 선언할 때에는 이름, 파라미터의 개수와 타입, 반환 값의 타입을 명시해야 한다.

함수^{Function} 선언 형식

```
function <함수 이름> (<파라미터 목록>): <반환return 값의 타입>;
    <지역local 선언declaration들)>
begin
    <구문들>
end;
```

함수의 파라미터 규칙 또한 프로시저의 파라미터 규칙과 같다. 값^{value} 파라미터와 변수^{variable} 파라미터를 모두 사용할 수 있다.

함수는 값을 반환해야 하기 때문에 반드시 할당 연산자가 있게 된다. 반환할 값은 함수의 이름에 할당한다. 함수 이름 대신 *Result*라는 키워드를 사용해도 된다.

```
function Tg(x: Real): Real;
var
    y: Real;
begin
    y:= x/180*pi;
    Tg:= sin(y)/cos(y);  //함수 이름(Tg) 대신 Result를 써도 된다.
end;
```

위 예문에 있는 새 변수 y는 함수 안에서 선언되었다. 이와 같이 함수 안에서 선언된 변수는 '지역^{local} 변수'라고 한다. 지역변수는 선언된 지역(여기서는 함수) 안에서만 사용될 수 있다.

실습

Exercise 1.

이 표현식의 값을 계산해보자. $x = \dfrac{\sqrt{6}+6}{2} + \dfrac{\sqrt{13}+13}{2} + \dfrac{\sqrt{21}+21}{2}$

이 함수를 사용한다. $y = \sqrt{x} + x$

Exercise 2.

이 표현식의 값을 계산해보자. $x = \dfrac{15+\sqrt{8}}{8+\sqrt{15}} + \dfrac{6+\sqrt{12}}{12+\sqrt{6}} + \dfrac{7+\sqrt{21}}{21+\sqrt{7}}$

이 함수를 사용한다. $y = a + \sqrt{b}$

Exercise 3.

삼각형의 세 꼭지점의 좌표를 받아서, 삼각형의 둘레를 계산해보자.

Exercise 4.

사용자가 3개의 값 a, b, c.를 입력하면, 아래 표현식의 값을 계산해보자.

$$t = \frac{\max(a,b,c) - \min(a,b,c)}{2 + \max(a,b,c) \cdot \min(a,b,c)}$$

함수 *Min(a, b, c)* 과 *Max(a, b, c)* 는 3개의 숫자 값 중 최소값과 최대값을 반환한다.

Memo

그래픽^{Graphic} 들

선과 도형을 그리는 코드를 작성할 수 있게 됩니다.

델파이는 그래픽 작성 능력과 범위가 매우 크다. 델파이의 그래픽 구현 중 일부를 지금부터 살펴보자. 도형들을 *TPaintBox*^[티페인트박스] 오브젝트 안에 넣어보자.

컴포넌트 팔레트에서 *Additional* 그룹을 펼친다. 안에 있는 아이콘 메뉴들 중에서 *TPaintBox*를 선택한다. 우리는 폼 안에 *TPaintBox*컴포넌트를 올리고, 화가가 틀 위에 캔버스를 펼쳐 놓듯이 이 컴포넌트의 모서리를 잡아서 크게 늘려놓는다.

우리의 그림 도구는 컴포넌트에 있는 *Canvas*^{캔버스} 프로퍼티이다. 이 오브젝트에서 가장 왼쪽 위가 좌표의 시작점이다. 좌표에서 X 축은 오른쪽으로 수평 이동, Y 축은 아래쪽으로 수직 이동한 지점이다. 이미지의 면적은 마우스 커서를 오브젝트 위에 살짝 올려두면 풍선 도움말로 표시된다. 또는 오브젝트의 *Width*^폭과 *Height*^{높이} 프로퍼티를 프로그램 코드에서 물어봐도 알 수 있다. 이 *TPaintBox*의 이름을 pbxEx로 바꾸고, 중심점의 위치를 계산해서 변수에 넣어보자.

```
x0:= pbxEx.Width  div 2;
y0:= pbxEx.Height div 2;
```

다양한 그림 도구들을 사용하여 *Canvas*^{캔버스} 이미지를 만들 수 있다. *Pen*^펜으로 선을 그리고, *Brush*^{브러쉬}로 색칠을 하고, *Font*^{폰트}로 문자를 넣는다.

어느 모양에서든지 선의 색상과 두께를 변경할 때는 *Pen*^펜 오브젝트를 사용한다.

```
pbxEx.Canvas.Pen.Color:= clRed;
pbxEx.Canvas.Pen.Width:= 3;
```

펜의 색상과 두께가 변경되었다. 선을 그어보면, 기본값보다 조금 더 두꺼운 빨강 선이 그어질 것이다.

Brush^{브러쉬} 오브젝트는 도형의 안쪽 공간을 채우는데 사용한다.

```
pbxEx.Canvas.Brush.Color:= clGreen;
```

이제부터 *Brush*의 색상은 녹색이다.

Brush 색상을 흰색으로 설정하고 Canvas 전체를 흰색으로 채우는 예문

```
pbxEx.Canvas.Brush.Color:= clwhite;
pbxEx.Canvas.FillRect(ClientRect);
```

Style^{스타일} 프로퍼티를 사용하여 채우기와 선의 스타일을 설정할 수 있다. 직접 해보면 쉽게 알 수 있으므로 따로 설명하지 않겠다.

*Canvas*에 들어갈 수 있는 표준 그래픽 기본 도형들을 살펴보자.

특정 위치

X, Y 좌표 상의 지점에 색상을 지정하려면, *Pixels[X, Y]* 프로퍼티를 사용한다.

```
pbxEx.Canvas.Pixels[x, y]:= clRed;
```

X, Y 좌표 상에 있는 픽셀 하나만 빨강이 된다.

Line ^{[라인], 선}

선은 *LineTo* 메소드를 가지고 그릴 수 있다.

```
pbxEx.Canvas.LineTo(X, Y);
```

현재 *Pen*이 있는 위치에서부터 지정된 좌표 위치까지 선 하나가 그려질 것이다. 이때 커서는 지정된 좌표로 이동한다.

선을 그리지는 않고, *Pen*의 위치만 좌표(X, Y)로 옮기려면 *MoveTo* 메소드를 사용한다.

선 이외에 다른 도형들을 그린다고 해서 펜의 위치가 이동하지는 않는다.

Rectangle ^{[렉탱글], 사각형}

사각형을 그리려면, *Rectangle*^{사각형} 메소드를 사용한다.

```
pbxEx.Canvas.Rectangle(X1, Y1, X2, Y2);
```

이 메소드를 호출하면 사각형이 그려진다. 이 사각형은 좌표 (X1, Y1)에서 좌표 (X2, Y2)까지를 대각선으로 하는 사각형이다.

현재 상태의 *Brush*와 *Line Style*이 사용 된다. 기본값은 선 색상이 검정, 채우기 색상이 흰색이다.

Ellipse^{[엘립스], 타원형}

Ellipse^{타원형}는 자신이 들어갈 사각형을 지정한다. *Ellipse*의 X, Y 축은 사각형의 X,Y 축과 평행이다. *Rectangle*과 마찬가지로, *Ellipse*도 그리거나 채울 수 있다.

```
pbxEx.Canvas.Ellipse(X1, Y1, X2, Y2);
```

실습

Exercise 1.

눈사람을 그려보자.

Exercise 2.

집을 그려보자.

Exercise 3.

여러분이 그릴 그림을 생각하여 *Canvas* 위에 그려보자. 여러가지 기본 도형들, 선, 선의 두께, 채우기 색상을 사용해보자.

반복 _{Loop} 들

같은 처리를 일정한 조건에서 계속 반복할 수 있는 코드를 작성할 수 있게 됩니다.

Loop _{루프, 반복}는 정해진 순서대로 구문을 실행하기를 반복한다.

루프에는 두 가지 종류가 있다. 조건을 '먼저 확인'하고 나서 실행하는 루프(*while⋯do⋯* 루프)와 실행 '후'에 조건을 확인하는 루프(*Repeat⋯Until⋯* 루프)이다.

조건을 '먼저 확인'하고 나서 실행하는 루프(while⋯do⋯ 루프)의 델파이 표현

```
while <논리 표현식> do
    <구문>;
```

while⋯do 루프는 논리 표현식 즉 조건 표현식이 True라면, 같은 구문을 다시 반복한다. 루프 안의 구문이 실행되면 대체로 조건 표현식의 결과에도 영향을 끼치기 때문에, 다시 반복하기 전에 조건 표현식은 항상 다시 계산된다. 만약, 맨 처음 계산된 조건 표현식에서 값이 False라면 구문은 한번도 실행되지 못한다.

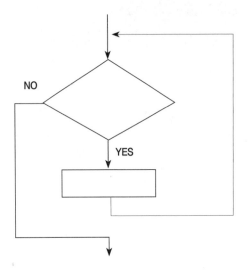

while…do 플로우차트

여러 개의 구문을 반복해야 한다면 do 다음에 begin… end 블록을 사용한다.

```
while <논리 표현식> do
begin
    <구문 1>;
    <구문 2>;
    <구문 3>;
end;
```

실행 '후'에 조건을 확인하는 루프(Repeat…Until… 루프)의 델파이 표현 형식

```
repeat
    <구문 1>;
    <구문 2>;
    ...
    <구문 n>;
until <논리 표현식>;
```

이 루프는 루프의 본문(Repeat와 Until 사이에 있는 부분)이 먼저 실행된다. 그리고 나서 논리 표현식의 값을 확인한다. 만약 False이면 이 구문들을 다시 반복해서 실행한다. 그렇지 않으면(논리 표현식이 True이면) 루프는 종료된다. 따라서 *Repeat…Until* 루프의 본문은 최소한 한번은 실행된다. 논리 표현식은 루프를 '종료'할 것인지를 결정하는 조건이다.

만약 본문을 반복할 횟수를 알고 있다면, 횟수를 셀 수 있는 *for* 루프를 사용할 수 있다.

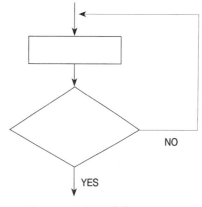

Repeat… Until 플로우차트

형식

```
for <루프 카운터>:= <최초 값> To <최종 값> do
    <구문>;


또는


for <루프 카운터>:= <최초 값> DownTo <최종 값> do
    <구문>;
```

〈**루프 카운터**〉— *Integer*^{정수} 타입의 변수이다. 최초 값에서 시작하여 *To* 인 경우에는 1씩 '증가'하고, *DownTo* 인 경우에는 1씩 '감소'하면서, 자동으로 변한다.

〈**최초 값**〉— 정수 표현식: 반복을 시작할 때 루프 카운터에 이 값이 들어간다.

〈**최종 값**〉— 정수 표현식: 루프 카운터에 이 값이 들어가면 마지막 실행을 한다.

〈**구문**〉— 반복하여 실행될 구문이다. 루프 카운터 가 최종 값을 넘게 되면 반복을 중단한다. 여러 구문이 필요하다면 do 다음에 begin… end를 사용하여 감싼다.

최초 값과 최종 값은 루프가 시작할 때 단 한번만 계산된다.
for 루프 역시 조건을 '먼저 확인'하는 루프이다.

실습

Exercise 1.

일정한 간격으로 떨어져 있는 수평선을 N 개 그려보자. N은 텍스트박스에서 받는다.

Exercise 2.

한 변의 길이가 S인 정사각형 N개를 일정한 간격으로 떨어뜨려서 그려보자. 숫자 N과 S는 텍스트박스에서 받는다.

Exercise 3.

N개의 가로 줄과 M개의 세로 줄이 있는 체스 판을 그려보자. 숫자 N과 M은 텍스트박스에서 받는다.

Exercise 4.

중심점이 같은 원들을 N개 그린다. 가장 작은 원의 반지름은 r이고 가장 큰 원의 반지름은 R이다. 숫자 N, r, R은 텍스트박스에서 받는다.

Exercise 5.

선 3개의 길이가 될 숫자 3개를 받는다. 이 3개의 선으로 삼각형을 만들 수 있다면 삼각형을 그린다. 만약 삼각형을 만들 수 없다면, 알맞은 에러 메시지를 표시한다.

Exercise 6.

크기가 다른 정사각형 N 개를 포개지도록 그린다. 선(즉 사각형의 각 변)을 그려서 정사각형을 완성하는 프로시저를 작성한다.

Exercise 7.

간단한 아날로그 시계를 그린다. 텍스트박스에 시^{hour}와 분^{minute}을 입력하고 버튼을 누르면 시계의 시침과 분침이 그 시간을 가리키도록 해보자.

String^{문자열} 들

문자열을 원하는 데로 비교하고 조작할 수 있게 됩니다.

우리는 이미 델파이에서 *String* 을 경험해보았다(한글로는 '문자열'이라고 하겠다). 예를 들어, *Caption* 이나 *Text* 같은 프로퍼티에는 문자열 값만 들어갈 수 있다. 문자열이란 정확히 무엇이고 어떻게 사용할까?

문자열이란 기호(문자 등)를 나열하여 작은따옴표 안에 넣어 하나로 만든 것을 말한다. 문자열 변수를 선언하려면 *String* 타입을 사용해야 한다.

```
var
   s: String;
```

위 정의는 길이 제한이 정해지지 않은 문자열을 프로그램에서 사용할 것이라는 의미이다. 문자열은 이어 붙일 수 있다. 문자열 연결은 더하기 기호를 사용한다. 예를 들어,

```
var
    s, st: String;
begin
    s:= '델파이를'; //첫 번째 변수에 "델파이를"을 넣는다.
    st:= ' 배운다'; //두 번째 변수에 "배운다"를 넣는다.
    s:=s+st; //이 두 String을 이어 붙인다.
end;
```

프로그램을 실행하면 "델파이를 배운다"라는 문자열이 변수 s 안에 들어간다.

문자열은 서로 비교할 수도 있다.

문자열 안의 각 기호(문자 등)가 하나씩 비교된다(내부 표현 방식을 비교한다). 영문자에는 알파벳 순서가 있고 숫자에는 0 〈1 〈…〈9 처럼 순서가 있다.

예문

'AB' 〉 'A A'

'A' 〈 'AB'

'DC' 〉 'ABCDE'

'ABCE' 〉 'ABCD'

문자열을 다루는 표준 함수들과 프로시저들 몇 가지를 요약표에서 살펴보자.

표준 문자열 프로시저들

String 프로시저들		
이름 (파라미터, Parameters)	파라미터 타입	의미
Delete(St, Pos, N)	St: String; Pos, N: Integer;	문자열 St에서 Pos 지점부터 N개의 기호(문자 등)를 삭제
Insert(St1, St2, Pos)	St1, St2: String; Pos: Integer;	문자열 St1을 문자열 St2의 Pos 지점에 삽입

표준 문자열 함수들

String 함수들		
이름 (파라미터, Parameters)	파라미터 타입	의미 (Semantics)
Copy(St, Pos, N)	반환 타입: String; St: String; Pos, N: Integer;	문자열 St에서 Pos 지점부터 N개의 기호(문자 등)를 복사한 값을 반환
Length(St)	반환 타입: Integer; St: String;	문자열 St의 길이 (문자 등 기호 전체의 개수)를 반환
Pos(St1, St2)	반환 타입: Integer; St1, St2: String;	문자열 St1 안에 있는 문자열 St2 부분을 찾아서 그 첫 번째 위치를 반환. St2가 없으면 0을 반환

예문

– Delete 프로시저

St 의 값	구문	구문이 실행된 후의 St 의 값
'abcdef'	Delete(St,4,2)	'abcf'
'Turbo-Pascal'	Delete(St,1,6)	'Pascal'

– Insert 프로시저

St1 의 값	St2 의 값	구문	구문이 실행된 후의 St2 의 값
'Turbo'	'-Pascal'	Insert(St1, St2,1)	'Turbo-Pascal'
'-Pascal'	'Turbo'	Insert(St1, St2,6)	'Turbo-Pascal'

– Copy 함수

St 의 값	구문	구문이 실행된 후의 Str 의 값
'abcdefg'	Str:=Copy(St,2,3);	'bcd'
'abcdefg'	Str:=Copy(St,4,4);	'defg'

– Length 함수

St 의 값	구문	구문이 실행된 후의 N 의 값
'abcdefg'	N:=Length(St);	7
'Turbo-Pascal'	N:=Length(St);	12

– Pos 함수

St2 의 값	구문	구문이 실행된 후의 N 의 값
'abcdef'	N:=Pos('de' , St2);	4
'abcdef'	N:=Pos('r' , St2);	0

응용 예문:

두 단어가 공백 하나로 구분되어 있는 문자열 하나를 입력 받는 프로시저가 있다. 이 프로시저는 입력 받은 문자열의 두 단어의 순서를 바꾼다.

```
Procedure Change(var s: String);
var
    s1: String;
begin
    s1:= copy(s,1, pos('␣', s)-1); //문자열 s 에 있는 첫 번째 단어 (즉, 첫 번째 공백 앞에 있
는 모든 문자) 를 복사한다.
    delete(s,1, pos('␣', s)); //첫 번째 단어와 공백을 삭제한다. (s에는 두 번째 단어만 남는다)
    s:= s+'␣'+s1; //s 뒤에 공백과 복사해 둔 첫 번째 단어를 붙인다.
end;
```

NOTE | 기호 '␣' 는 실제로는 공백이다. 알아보기 쉽도록 표시한 것일 뿐이다.

실습

Exercise 1.

텍스트박스에 세 단어가 들어가는 문장을 입력하고 버튼을 누르면 문장에서 두 번째 단어
와 세 번째 단어의 위치를 서로 바꾸는 프로그램을 작성해보자. 텍스트박스에는 세 단어만
들어가고 단어 사이는 공백 한 칸으로 되어야 한다.

Exercise 2.

버튼을 누르면 텍스트박스의 모든 공백이 느낌표로 바뀌도록 해보자.

Exercise 3.

텍스트박스 안에 있는 문자열에서 마침표의 개수를 알아내자.

Exercise 4.

텍스트박스 안에 있는 문자열에서 문자열 "가나다"가 몇 개 들어있는지를 알아내자.

Exercise 5.

텍스트박스 안에 괄호로 감싸진 문자열을 넣고 버튼을 누르면, 괄호를 빼고 나머지 안에
있는 문자열만 옆에 있는 또 다른 텍스트박스 안으로 들어가도록 해보자.

Exercise 6.

텍스트박스 안에 입력된 문자열에서 공백으로 구분된 단어의 개수를 알아내자.

Exercise 7.

텍스트박스 안에 입력된 문자열에서 "강아지"라는 단어는 모두 "고양이"로 바꿔보자.

Exercise 8.

텍스트박스 안에 있는 문자열을 뒤에서 앞으로 뒤집어 적어보자.

Exercise 9.

텍스트박스에 입력된 문자열에서 공백의 숫자를 세어보자. 그리고 앞에서 두 번째 단어와 뒤에서 두 번째 단어를 서로 바꿔보자.

문자열과 숫자 타입을 서로 변환 Conversion 하기

문자와 숫자를 보다 정교하게 변환할 수 있게 됩니다.

프로시저 *Val*(st, X, code)은 문자열 st를 정수 또는 실수로 변환한 후 변수 X에 넣는다. 결과값의 타입은 변수 X의 타입과 같게 된다. 변수 variable 파라미터인 Code에는 변환 성공 여부가 숫자로 들어간다.

변환이 성공한 경우, 변수 Code에는 0이 들어가고, X에는 변환된 결과값이 들어간다. 만약 실패하면, 변수 Code에는 문자열인 st 중에서 변환이 실패하게 만든 원인이 되는 기호(문자 등)가 있는 위치가 숫자로 들어가고, X에는 값이 들어가지 않는다.

문자열 st에는 맨 앞이나 맨 뒤에 공백이 와도 상관없다. 소수점으로 마침표를 사용한다.

예문

키보드를 통해 들어온 값이 숫자가 맞는지를 검증하고, 그 값을 숫자 타입으로 변환하여 변수 X, Y에 넣으려면 프로시저 *Val* 을 사용하면 된다.

아래 예문에서 문자열인 sx와 sy의 값이 숫자로 변환될 수 있으면 cx, cy에는 0이 들어가고, 변환되지 못한다면 0이 아닌 다른 값이 들어가게 된다.

```
Val (sx, x, cx);
Val (sy, y, cy);
if (cx=0) and (cy=0) then
begin
    <구문들>
end
else
begin
    <구문>
end
```

프로시저 *Str*(X [: Width [: Decimal]], st)는 정수 또는 실수인 X를 문자열인 st 파라미터에 넣는다. Width와 Decimal은 변형하는 조건을 정한다.

파라미터 Width는 X를 문자열로 변환할 때 만들어지는 전체 문자 수이다. 파라미터 Decimal은 실수 값을 변형할 때만 사용되는데 소수점 이하에 들어갈 문자 수이다.

예문

```
var
    x: Integer;
    y: Real;
    s: String;
begin
    y:=3.5;
    Str(y, s);
    ... ;
end;
```

변수 s에는 3.500000000000000 E +0000이 들어간다.

하지만, 만약 Str(y:6:2, s);로 변형하면 결과는 ⌣3.50이 된다. 정수 부분의 앞쪽에 있는 0은 공백이 된다. (공백 임을 알 수 있게 여기에서는 ⌣ 표시를 하였다)

다른 예문

```
Str(12345.6:5:2, s);
```

이 경우, 변환 형식 조건이 유효하지 않다. 따라서 조건이 반영되지 않은 결과값이 나온다.

결과는 12345.6 이다.

심화 예문

```
Str(12.3456:5:2, s);
```

이 경우, 소수점 부분은 소수점 이하의 자릿수를 맞추기 위해 반올림 된다.

결과는 12.35 이다.

실습

Exercise 1.

텍스트박스에 문자열이 하나 들어있다. 이 문자열 안에 들어 있는 각 기호(문자 등) 중에 숫자(즉, 0~9)들을 모두 지우고 남은 문자열을 레이블에 표시해보자.

Exercise 2.

텍스트박스에 문자열이 하나 들어있다. 이 문자열 안에 들어 있는 각 기호(문자 등) 중에 숫자(즉, 0~9)들의 합을 계산해보자.

Exercise 3.

텍스트박스에 문자열이 하나 들어있다. 문자열에는 공백 한 칸으로 띄어져서 단어들과 숫자들이 섞여 들어 있다. 모든 숫자들의 합을 계산해보자.

Exercise 4.

텍스트박스에 문자열이 하나 들어있다. 문자열은 숫자 1+숫자 2= 형식으로 되어 있다. 등호뒤에 숫자1 과 숫자2 를 더한 결과값을 추가해보자.

예문

```
입력된 문자열:   12.35+7.123=
결과 문자열:    12.35+7.123=19.473
```

Exercise 5.

텍스트박스에 문자열이 하나 들어있다. 문자열에는 괄호로 열고 닫은 부분이 있다. 이 괄호 안에는 숫자들이 나열되어 있다. 이 숫자들의 평균을 계산한 후, 괄호 안의 값을 계산된 결과값으로 바꿔보자.

Exercise 6.

텍스트박스 2개가 있고 여기에는 각각 이름 공백 숫자 형식으로 되어 있는 문자열이 들어 있다. 숫자는 그 사람의 키를 센티미터로 표현한 것이다. 두 사람 중 가장 키가 큰 사람의 이름을 레이블에 표시해보자. 만약 키가 같다면 두 사람의 이름을 모두 표시한다.

Exercise 7.

텍스트박스에 숫자가 하나 들어 있다. 이 숫자를 2진수로 바꾸어 표시해보자.

Exercise 8.

텍스트박스에 숫자가 하나 들어 있다. 이 숫자를 16진수로 바꾸어 표시해보자.

TMemo^{메모} 콘트롤

여러 줄을 입력하는 텍스트박스를 이용하여 문장을 다룰 수 있게 됩니다.

TMemo[티메모]는 일종의 텍스트박스인데 여러 줄의 글을 넣고 편집할 수 있다(한글로는 '메모'라고 적겠다).

프로그램이 실행되는 중에 *TMemo* 안에 내용을 만들어 넣으려면, *TMemo*의 프로퍼티와 메소드를 사용한다.

*TMemo*의 *Font*와 *Readonly* 프로퍼티는 *TEdit*에 있는 프로퍼티와 같은 것들이다. *TMemo*의 *Text* 프로퍼티에는 *TMemo*의 모든 글이 들어간다. 하지만 이 *Text* 프로퍼티는 애플리케이션이 실행되는 중에만 사용할 수 있고 개발 중에는 사용하지 못한다.

Lines^줄 프로퍼티

TMemo 콘트롤에 글을 입력하면 *Lines* 프로퍼티 즉, 인덱스번호가 매겨진 줄들의 집합에 저장된다. 첫 번째 줄의 번호는 0이고, 두 번째 줄의 번호는 1이다.

프로그램에서 *TMemo*의 *Lines*를 사용하는 예문

```
var
    s: String;
begin
    s:= memEx.Lines[2];  //3번째 줄의 값을 변수 s에 할당
    memEx.Lines[3]:='안녕'; //문자열 상수 '안녕'을 4번째 줄에 할당

    …
end;
```

개발 중에는 오브젝트 인스펙터를 사용하여 *TMemo*에 *Lines*를 만들어 넣을 수 있다. 프로그램 실행 중에는 키보드로 글을 입력하고 엔터 키를 누를 때 마다 줄이 추가된다. 코드에서는 memEx.Lines.Add('입력 내용');을 사용한다.

*TMemo*에 내용을 넣을 때에도 *Lines* 프로퍼티가 사용된다. 오브젝트 인스펙터에서 *Lines* 프로퍼티 안에 있는 작은 버튼을 누르면 *Lines* 편집기 창이 열린다. 이 창에 입력할 줄들을 적어 넣으면 된다. 줄을 바꾸려면 〈엔터〉 키를 누른다.

다 적어 넣고 나면 〈OK〉 버튼을 누른다.

Count^{개수} 프로퍼티

Count 프로퍼티는 전체 줄 수를 반환한다.

```
k:=memEx.Lines.Count;
```

*Count*는 읽기 전용이다. 즉 *Count*를 변경/편집 할 수는 없다.

WordWrap^{자동 줄 바꿈} 프로퍼티

*WordWrap*이 True이면, *TMemo* 콘트롤 안에 있는 글이 오른쪽 끝에 도달하면 자동으로 다음 줄로 넘어간다. 편집 공간의 크기에 맞추어 입력된다.

MaxLength ^{최대 길이} 프로퍼티

*MaxLength*는 이 콘트롤에 입력될 수 있는 최대 문자 수를 지정한다. 만약 *MaxLength*가 0이면, 그 *TMemo*는 입력되는 문자 수 제한이 없다.

ScrollBars ^{스크롤바} 프로퍼티

ScrollBars 프로퍼티는 *TMemo* 콘트롤에 스크롤바를 넣을 것인가를 지정한다.

Alignment ^{정렬} 프로퍼티

Alignment [얼라인먼트] 정렬 프로퍼티는 입력 화면 안에 들어 있는 글의 줄맞춤 형식을 지정한다.

Tip | TMemo에는 Alignment와 이름이 비슷한 Align이라는 프로퍼티도 있으니 주의하세요. Align은 콘트롤의 위치를 정렬하는 프로퍼티이므로 콘트롤 대부분이 자신의 위치를 지정하기 위해 가지고 있습니다. 하지만, Alignment는 글을 표시하는 콘트롤에만 있습니다.

메소드 ^{Method} 들

메소드 몇 개를 살펴보자.

Delete ^{삭제} 메소드

명시된 번호의 줄을 삭제한다. 나머지 줄들은 자동으로 옮겨지고 번호는 다시 매겨진다.

```
memEx.Lines.Delete(0); //첫 번째 줄 (번호가 0인 줄) 삭제
```

홀수 줄만 남겨두는 예문

```
k:= memEx.Lines.Count;
for i:=k-1 Downto 1 Do
   if (i mod 2) <>0 then
       memEx.Lines.Delete(i);
```

Exchange^{교환} 메소드

Exchange^{교환}는 명시된 번호의 줄 2개를 맞바꾼다.

```
memEx.Lines.Exchange(0,1);  //0번과 1번 줄을 맞바꾼다.
```

Move^{이동} 메소드

Move^{이동}는 줄을 다른 줄로 이동한다.

예문

```
memEx.Lines.Move(1,5);
```

이 메소드는 텍스트 중 1번 줄(즉, 두 번째 줄. 번호가 0부터 시작하기 때문)이 제거되고, 뒤에 있던 줄들이 한 줄씩 위로 이동한다. 그리고 나서 제거되었던 1번 줄은 5번 줄로 들어간다.

실습

Exercise 1.

*TMemo*를 채운다. 버튼을 클릭하면 *TMemo*에 아래 내용만 남도록 만들어 보자.

- 네 줄이 넘는다면, 앞에 네 줄만 남긴다.
- 네 줄이 되지 않는다면 첫 번째 줄만 남긴다.

Exercise 2.

*TMemo*를 채운다. 그리고 나서 다시 텍스트를 편집해본다.

버튼을 클릭하면 레이블에 결과가 표시되는 프로그램을 만들어보자.

a) *TMemo*에서 현재 편집 중인 (즉, 커서가 위치한) 줄의 번호를 표시한다. 만약 편집 중인 줄이 없으면, '현재 편집 중인 줄이 없습니다' 라는 메시지를 표시한다.

b) 편집되는 과정에서 입력된 내용이 있는 줄들의 번호들을 모두 표시한다. 해당되는 줄이 없으면 없다는 메시지를 표시한다.

Exercise 3.

*TMemo*에 몇 줄만 채운다.

그 중 한 줄에는 '강아지'라는 단어를 넣고, 다른 한 줄에는 '고양이'라는 단어를 꼭 넣는다. 이 두 단어를 맞바꾸는 프로그램을 만들어 보자.

Exercise 4.

*TMemo*를 채운다.

가장 내용이 긴 줄을 찾아서 가장 위로 옮기는 프로그램을 만들어보자.

Exercise 5.

*TMemo*에 한 줄 당 숫자 하나씩을 넣는다.

입력된 숫자들 중에서 짝수들은 모두 두 배로 만들어서 두 번째 *TMemo* 콘트롤로 옮기고, 홀수들은 모두 2로 나누어서 세 번째 *TMemo* 콘트롤로 옮기도록 프로그램을 작성한다.

TMemo^{메모} 콘트롤(계속)

TMemo 콘트롤에 있는 문장을 더 자유자재로 다룰 수 있게 됩니다.

유용한 프로퍼티와 메소드를 몇 개를 더 살펴보자.

Clear^{비우기}

TMemo의 내용을 완전히 지운다.

```
memEx.Lines.Clear;
```

Append^{덧붙이기} 와 Add^{더하기} 메소드

*TMemo*가 비어있거나, *Clear*가 호출된 상태라면, *Append*^{덧붙이기} 메소드를 호출하여 *TMemo*에 글을 넣을 수 있다. *Append* 메소드는 *TMemo*의 맨 뒤에 새 줄을 덧붙인다.

예문
*TMemo*의 각 줄 마다 숫자 하나씩 1~10까지 순서대로 넣는다.

```
…
memEx.Lines.Clear;
for i:= 1 to 10 do
begin
    memEx.Lines.Append(IntToStr(i));
end;
```

Add^{더하기} 메소드도 *Append*와 하는 일이 같다.

```
memEx.Lines.Add('이 예문은 문자열 목록을 사용한다.');
```

위 예문처럼 이 메소드 2개 모두 파라미터는 문자열이다.

*Add*는 새로 문자열이추가된 줄의 인덱스번호를 반환한다.

```
b:=memEx1.Lines.Add(edtEx1.Text);
lblEx1.Caption:= IntToStr(b);
```

위 예문을 실행하면 텍스트박스 edtEx1에 있는 글이 메모 memEx1에 추가된다. 그리고 나서 레이블 lblEx1에는 추가된 줄의 번호가 표시된다.

Clipboard^{클립보드}를 사용하면 *TMemo*에 있는 글의 일부를 제거, 저장, 복구 할 수도 있다.

Insert^{끼워넣기} 메소드

지정된 인덱스번호^{index}에 새 줄을 만들고 문자열을 끼워 넣는다. 그 뒤의 줄들은 자동으로 뒤로 밀려난다.

```
memEx.Lines.Insert(2,''); //2번 줄에 빈줄을 하나 끼워넣는다. 원래 있던 2번 줄은 삭제되지 않고
뒤로 밀린다.
```

메모의 Lines^줄 소팅^{sorting} 하기

줄을 소팅(Sorting, 일정한 순서가 되도록 재배열)하려면 아래의 알고리즘을 쓸 수 있다.
최소값을 가지는 **String**을 찾아낸다. (문자열 비교는 한 문자씩 한다. A<B<C ..<Z …)
첫 번째 줄과 최소값 줄을 맞바꾼다.
위 구문을 (N-1) 번 반복한다. (N은 *TMemo*에 있는 줄의 전체 개수)

이것을 프로그램으로 적어보자.

```
procedure TfrmEx1.btnEx1Click(Sender: TObject);
begin
    //TMemo의 각 i 번 줄마다 아래를 반복한다.
    //i 번호 줄에서 시작하여 마지막 줄까지 String을 서로 비교하여 최소값 문자열의 줄 번호 (이하 '최소
      값 줄의 번호')를 찾아낸다.
    //최소 줄 번호를 i 번호 줄과 맞바꾼다.
end;
```

이 프로그램에 필요한 변수, 연산자, 함수(최소값 줄의 번호를 찾아 내는 함수)를 적어보자.
만들어 진 프로그램은 아래와 같다.

```
function PlMin(numStr: Integer): Integer;
var
    k, m: Integer;
begin
    m:=NumStr;//우선, 비교를 시작할 줄을 최소값 줄이라고 하자 (시작하는 줄 번호를 최소값의 줄 번호에
넣는다).
    for k:=m+1 to frmEx1.memEx1.Lines.Count-1 do//NumStr 번에서 시작하여 그 이하의
모든 줄마다 반복한다.
        if frmEx1.memEx1.Lines[k]< frmEx1.memEx1.Lines[m] then //만약 현재 줄
이 최소값 줄의 번호이면
                m:=k;//m 값 (최소값 줄의 번호)을 현재 줄 번호로 바꾼다.
    PlMin:=m;//찾아 낸 최소값의 줄 번호를 함수의 반환 값에 넣는다.
end;
procedure TfrmEx1.btnEx1Click(Sender: TObject);
```

```
var
    i, j: Integer;
begin
    for i:= 0 to memEx1.Lines.Count-1 do //TMemo 전체 줄 반복
    begin
        j:=PlMin(i); //i 번 줄에서 마지막 줄까지 중에서, 최소값 줄의 번호를 찾아낸다.
        memEx1.Lines.Exchange(i, j);//서로 자리를 맞바꾼다.
    end;
end;
```

실습

Exercise 1.

*TMemo*의 각 줄마다 숫자 하나씩을 넣는다.

이 숫자들 중에서 0보다 큰 숫자들은 모두 두 번째 *TMemo*에 넣고, 0보다 작은 숫자들(0 포함)은 모두 세 번째 *TMemo*에 넣는 프로그램을 만들어보자.

Exercise 2.

친구들 이름 목록을 *TMemo*에 넣는다. 이 목록을 정렬하는 프로그램을 만들어보자.

Exercise 3.

TMemo 2 개에 내용을 넣어둔다.

이 *TMemo* 2 개에서 내용이 같은 줄이 있는지를 서로 비교하여 찾아낸다. 찾아낸 줄 모두 그 내용을 세 번째 *TMemo*에 넣는다. 내용이 같은 줄이 전혀 없으면 없다는 메시지를 넣는다.

Exercise 4.

*TMemo*의 각 줄마다 숫자 하나씩을 넣는다. 숫자를 오름차순으로 정렬하는 프로그램을 작성해보자.

무작위 숫자들, 상수^{Constant} 들, 사용자 타입^{User Type} 들

프로그램 실행 중에 변하지 않는 값을 지정하여 사용할 수 있게 됩니다.
내가 원하는 데이터 타입을 새로 만들어 쓸 수 있게 됩니다.
무작위 숫자를 사용할 수 있게 됩니다.

RANDOM^{랜덤, 무작위} 함수

Random 함수를 사용하여 무작위 숫자를 얻을 수 있다. 호출 방법은 두 가지 이다.

- Random : 파라미터를 주지 않고 호출하면, 0보다 같거나 크고 1보다 작은 무작위 *Real*^{실수}
  을 반환한다.
- Random(N) : *Integer* 파라미터 N 를 주어서 호출하면, (0과 N-1 도 포함하여) 0에서 N-1 까
  지 범위의 무작위 *Integer*^{정수}를 반환한다.

a 에서 b 사이(a, b 모두를 포함)에 있는 무작위 정수가 필요하면, 이 수식을 쓰면 된다.

```
Random(b-a+1)+a;
```

a (포함)에서 b(포함 안 함) 사이에 있는 무작위 실수가 필요하면, 이 수식을 쓰면 된다.

```
(b-a)*Random +a;
```

무작위 숫자가 프로그램이 실행될 때 마다 항상 같은 순서로 나온다.

Randomize 프로시저를 호출해야만, 순서가 다른 무작위 숫자 세트를 얻을 수 있다. 뜻하지 않게 같은 지점에서 시작해서 무작위 숫자를 얻는 (이런 상황은 언제든 발생될 수 있다) 경우가 발생하지 않도록 분명히 하려면, *Random*을 호출하기 전에 *Randomize*가 먼저 호출되어야 한다.

명명된^{Named} 상수^{Constant}들

상수^{Constant}란 프로그램이 실행되는 동안에 값이 변경되지 못하는 실체이다. 변수^{Variable}와 마찬가지로, 상수에도 타입^{Type}이 있다. 상수는 이름을 따로 정하지 않을 수도^{anonymous} 있고 이름을 정해줄 수도^{named} 있다.

익명^{Anonymous}인 상수 들의 예문

100	Integer
2.7	Real
7.12457 e −03	Real
TRUE	Boolean
14.0	Real
−37	Integer
'asderc'	String

이름이 정해진^{Named} 상수는 매우 유용하다. 상수는 프로그램의 선언부분에 선언되며 이때 값도 정해진다.

이름이 정해진^{Named} 상수를 정의하는 구문

```
const
    <상수 이름> = <값>;
```

상수의 이름을 다루는 규칙은 변수의 이름을 처리하는 규칙과 같다. 이름이 정해진 상수의 타입은 곧 그 상수의 값이 가지는 타입이다.

이름이 정해진 상수를 사용하면 코드 읽기가 더 쉬워지고, 프로그램 관리하기에도 더 좋다는 장점이 있다. 매우 중요한 파라미터들이 눈에 잘 띄도록 표시해두기 위해서 사용되기도 한다.

사용자 정의^{User-defined} 타입들

델파이에서는 우리만의 새로운 타입을 정의할 수 있다.

사용자 정의 타입 예문

```
type
    kg = Integer;
    cm = Integer;
var
    Weight: kg;
    Size: cm;
```

사용자 타입을 사용하면 프로그램을 읽기가 훨씬 쉬어진다. 프로그램 관리하기도 더 좋아진다. — 우리가 만든 타입의 정의를 언제든 변경할 수 있다. 위의 예에서 라면 kg과 cm의 타입을 *Integer*로 정의했지만, *Real*로 쉽게 변경할 수도 있다. 만약 프로그램을 개발하는 중에 우리가 만든 사용자 타입^{user type}의 타입이 적절하지 않다는 판단이 되면, 이 잘못된 타입을 사용하는 모든 변수의 정의를 손댈 필요가 없이 오직 한 곳 즉 사용자 타입^{User Type}의 정의만 변경하면 된다.

실습

Exercise 1.

게임을 만들어보자 ― "숫자 예상하기".

컴퓨터가 무작위 숫자를 선택할 범위가 될 숫자 2개를 텍스트박스 2개에 각각 입력한다. 그리고 세 번째 텍스트박스에는 컴퓨터가 무슨 숫자를 고를지를 예측하여 입력한다.

버튼을 누르면 예측의 결과를 보여주는 프로그램을 작성해보자. 예측이 맞았다면, 맞았다는 메시지를 표시 하고, 틀렸다면 컴퓨터에서 고른 숫자가 우리가 예상한 숫자보다 더 큰지 작은지를 표시한다.

컴퓨터가 고른 숫자를 확인해 볼 수 있도록 버튼 하나를 더 추가 한다.

1차원 정적^{Static} 배열^{Array}

타입이 동일한 요소들을 모아서 배열로 다룰 수 있게 됩니다.

배열^{Array}은 같은 요소들(타입이 같은 값이나 변수들)을 모아놓은 모음이다. 배열^{Array} 안에 있는 요소들은 각각 자신들의 인덱스번호^{index} 즉 키^{key}(정해지는 이름)가 있어서 다른 요소와 구분될 수 있다. 예를 들어 '학급 출석부' 이라는 목록이 있다면, 이 목록에 있는 각 요소의 타입^{Type}은 '학생'이다. 여기에 있는 학생 각자는 자신이 몇 번째로 불리는 지를 가리키는 번호^{Index}를 가지고 있다. 그리고, 각 요소의 값은 '학생의 실제 이름'이다.

배열 형식

<배열 이름>: Array [<시작 인덱스번호>..< 마지막 인덱스번호>] of <요소의 타입>;

배열 형식에 들어가는 것들을 살펴보자.

- 배열 이름

- Array(키워드)

- 시작 인덱스번호와 마지막 인덱스번호

  인덱스번호의 범위 (예: 1..40, 2..2, 0..10)이다. 앞뒤의 숫자는 각각 인덱스 번호가 될 수 있는 가장 작은 숫자와 가장 큰 숫자이다. 최소 번호가 최대 번호보다 클 수는 없다. 이 두 숫자 사이에는 마침표 2개를 넣는다. 인덱스 번호의 타입은 반드시 열거형 enumeration 즉 자신의 앞 뒤에 있는 요소들(의 값)이 미리 정의되어 있는 타입이어야 한다. 우리는 열거형 타입 몇 개를 이미 알고 있다. 모든 정수형 타입들과 *Boolean* 타입은 열거형 타입이다. 인덱스번호의 범위를 정할 때는 반드시 상수 Constant 만 사용할 수 있다. 즉, 배열의 크기는 프로그램을 작성할 때 결정되는 것이지, 프로그램이 실행되는 중에 크기를 변경할 수 없다.

- 요소의 타입

배열 Array 예문

```
A: Array[1..10]of Real;
```

배열 A에는 요소가 10개 있다. 각 요소에는 *Real*실수이 들어간다. 배열의 특정한 요소에 접근하려면 인덱스번호를 사용한다. 인덱스번호와 같은 타입이 나오는 표현식을 써도 좋다.

예문

```
x:= 5;
A[x+2]:= 4.5;
```

배열의 7번 (5+2) 요소에 4.5 라는 값이 들어간다.

인덱스번호를 통해 배열 요소에 접근하면, 작업을 더욱 효율적으로 하게 된다. 예를 들어 배열의 모든 요소에 0을 넣고 싶으면, 아래와 같이 루프를 사용하면 된다.

```
for i:= 1 to 10 do
    A[i]:= 0;
```

배열을 프로시저의 파라미터로 사용하려면, 만들어진 배열을 먼저 사용자 타입으로 만들어야 한다. 예를 들어,

```
type
    TMyArray = Array[1..30] of Integer;
    ....................
    ....................
var
    A: TMyArray;
```

요소가 N개 들어있는 배열을 무작위 숫자로 채우는 작업을 해보자. 무작위 숫자의 범위를 정하기 위해 두 개의 텍스트박스에서 숫자를 입력 받는다. 배열 요소의 값은 이 범위 안의 숫자이다. 배열의 값들을 메모에 표시하고 가장 값이 큰 요소를 찾아보자.

이 임무를 완수하는 알고리즘algorithm 전체를 주석으로 적어보자.

```
begin
    //배열 값이 될 수 있는 숫자의 범위를 정한다.
    //명시된 범위 안의 숫자들을 가지고 배열을 채운다.
    //채워진 배열을 TMemo에 표시한다.
    //가장 값이 큰 요소를 찾아서 AMax라고 한다.
    //AMax를 표시한다.
end.
```

위에서 주석으로 기록해 둔 알고리즘 전체를 구문으로 적어보자.

```
begin
    SetArrayRange(rMin, rMax); //배열 값의 범위를 지정한다.
    FillArray(a, rMin, rMax); //명시된 범위 안의 숫자들을 가지고 배열을 채운다.
    OutputArray(a, n); //채워진 배열을 TMemo에 표시한다.
    AMax:=Max(a); //가장 큰 요소를 찾아서 AMax라고 한다.
    lblAMax.Caption:=IntToStr(AMax); //AMax를 표시한다.
end.
```

각 프로시저와 함수들의 내용을 작성하기에 앞서, 배열을 파라미터[parameter]로 사용하려면 사용자 타입으로 만들어 놓아야 한다는 점을 기억하자.

```
const
    n=20;
type
    Array_n_elements=Array[1..n] of Integer;
procedure SetArrayRange(var ch1, ch2: Integer);
begin
    ch1:=StrToInt(frmArr.edtCh1.Text);
    ch2:=StrToInt(frmArr.edtCh2.Text);
end;
procedure FillArray(var a: Array_n_elements; rMin, rMax: Integer);
var
    i: Integer;
begin
    Randomize;
    for i:=1 to n do
        a[i]:=Random(rMax-rMin+1)+rMin;
end;
procedure OutputArray(a: Array_n_elements; n: Integer);
var
    i: Integer;
begin
    frmArr.memIsh.Lines.Clear;
    for i:=0 to  n-1  do
        frmArr.memIsh.Lines.Append(IntToStr(a[i+1]));
end;
function Max(a: Array_n_elements): Integer;
var
    i, m: Integer;
begin
    m:=a[1];
    for i:=1 to n do
        if a[i]>m then
                m:=a[i];
    Max:=m;
```

```
end;
procedure TfrmArr.btnClick(Sender: TObject);
var
    rMin, rMax: Integer;
    AMax: Integer;
    A: Array_n_elements;
begin
    SetArrayRange(rMin, rMax); //배열 값의 범위를 지정한다.
    FillArray(a, rMin, rMax); //명시된 범위 안의 숫자들을 가지고 배열을 채운다.
    OutputArray(a, n); //TMemo에 배열을 표시한다.
    AMax:=Max(a); //가장 큰 요소를 찾아서 AMax라고 한다.
    lblAMax.Caption:=IntToStr(AMax); //AMax를 표시한다.
end;
```

실습

Exercise 1.

배열을 하나 만든다. 배열에 들어갈 값의 범위는 텍스트박스로 받는다.

- 배열을 *TMemo*에 표시한다.
- 레이블 몇 개를 만들고 다음 내용을 표시한다.
    - 요소들의 합
    - 요소들의 평균
    - 값이 양수인 요소들의 개수와 음수인 요소들의 개수
    - 값이 가장 큰 요소와 가장 작은 요소
- 배열을 두 개로 쪼갠다 — 하나는 양수 값을 가진 요소들의 배열이고 나머지 하나는 0 또는 음수 값을 가진 요소들의 배열이다. *TMemo*를 2개 만들어서 그 안에 각 배열을 넣는다.

Memo

배열 정렬하기과 선택정렬 ^{Selection Sort}

배열 안에 있는 요소들을 정렬할 수 있게 됩니다.

소팅(Sorting, 일정한 순서가 되도록 재배열) 절차는 오브젝트 ^{Object} 들이 가진 성질을 서로 비교하고 그 결과에 따라 순서대로 배열하는 절차이다. 배열 소팅은 컴퓨터 과학에서 잘 알려진 영역이고, 이미 많은 배열 소팅 알고리즘들이 있다. 우리는 그 중에서 가장 단순하고 이해하기 쉬운 배열 소팅 알고리즘 하나를 살펴보기로 하자. — 선택 정렬

선택 정렬 ^{Selection Sort} 알고리즘은 N개의 요소가 있는 배열 안에서 가장 값이 작은 요소를 찾아서 제일 앞에 있는 요소와 맞바꾼다. 그 다음 나머지 (N-1) 중에서 다시 가장 작은 요소를 찾아서 두 번째 요소와 맞바꾼다. 같은 동작을 N-2, N-3로 계속 해나간다. 결국 요소가 하나만 남게 되면 종료한다. 마지막 남은 요소가 가장 큰 요소이다.

이 알고리즘 실행을 그림으로 보면 다음과 같다. 화살표는 요소를 맞바꾼다는 표시이다.

```
41 22  3 44 25  6
 3 22 41 44 25  6
 3  6 41 44 25 22
 3  6 22 44 25 41
 3  6 22 25 44 41
 3  6 22 25 41 44
```

배열 하나를 오름차순으로 소팅 해보자. 먼저 구현 할 알고리즘 전체를 주석으로 적는다.

```
//배열의 범위 chB와 chE를 입력한다.
//chB와 chE 사이(chB, chE를 포함하여) 값으로 배열 A를 채운다.
//배열 A를 첫 번째 memo에 표시한다.
//배열 A를 오름차순으로 소팅(Sorting)한다.
//배열 A를 두 번째 memo에 표시한다.
```

이제, 주석으로 기록해 둔 알고리즘 전체를 구문으로 적어보자.

```
procedure TfrmArr.btnGoClick(Sender: TObject);
var
    chB, chE: Integer;
    A: Array_n_elements;
begin
    Input(chB, chE); //배열의 범위 chB 와 chE를 입력한다
    FillArr(a, chB, chE); //chB와 chE 사이(chB, chE를 포함하여)의 무작위 값으로 배열 A를
채운다
    OutputArray1(A, n); //배열 A를 첫 번째 TMemo에 표시한다
    SortArr(A); //배열 A를 오름차순으로 소팅(Sorting)한다
    OutputArray2(A, n); //배열 A를 두 번째 TMemo에 표시한다
end;
```

이미 앞의 모듈 17에서 예제로 설명한 것들은 여기에서 중복하여 설명하지 않겠다. 배열 소팅 프로시저만 같이 작성해보자. *TMemo*를 정렬하던 프로시저와 거의 같다.

Tip | 모듈 17에 있는 예제라서 여기에서 설명을 생략한 내용들

배열의 개수 n을 상수로 지정하기, 텍스트박스로 받은 값을 범위의 값으로 지정하는 프로시저, 무작위 값으로 배열을 채우는 프로시저, 메모에 배열을 넣어서 표시하는 프로시저

```
procedure SortArr(var a: Array_n_elements);
var
    i: Integer;
begin
    for i:=1 to  n-1  do //배열에 마지막 하나가 남을 때까지
        Change(a[i], a[NumMin(a, i)]);//현재 위치에서 배열의 마지막까지의 요소 중에 가장
작은 요소를 현재 요소와 맞바꾼다.
    end;
```

위의 프로시저에서 사용되는 Change 프로시저를 작성한다. change 프로시저에는 배열의
인덱스번호, 그리고 그 인덱스번호의 위치에 있는 요소에서부터 마지막 요소까지 중에서
가장 값이 작은 요소를 찾아서 반환하는 함수(여기에서는 NumMin)가 있어야 한다.

```
function NumMin(a: Array_n_elements; start:Integer): Integer;
var
    i, m: Integer;
begin
    m:=start;
    for i:=m+1 to n do
        if a[i]<a[m] then
            m:=i;
    NumMin:=m;
end;
procedure Change(var one, two: Integer);
var
    temp: Integer;
begin
    temp:=one;
    one:=two;
    two:=temp;
end;
```

실습

Exercise 1.

키보드로 값의 범위를 받아서 이 범위 안에 있는 정수들로 배열을 채운다.

배열을 메모에 표시한다.

이 배열을 내림차순으로 소팅하고 두 번째 메모에 표시한다.

Exercise 2.

키보드로 값의 범위를 받아서 이 범위 안에 있는 정수들로 배열을 채운다.

배열을 메모에 표시한다.

양수 값을 가지는 모든 요소들을 배열의 앞쪽으로 옮기고, 0 또는 음수 값을 가지는 모든 요소들은 배열의 뒤쪽으로 옮긴다(소팅 즉 정렬하지는 않는다). 이 배열을 두 번째 메모에 표시한다.

Exercise 3.

키보드로 값의 범위를 받아서 이 범위 안에 있는 *Real*들로 배열을 채운다.

배열을 첫 번째 메모에 표시한다.

배열을 반으로 나누고 앞의 반쪽과 뒤의 반쪽을 서로 맞바꾼다. 이 배열을 두 번째 메모에 표시한다.

StringGrid^{스트링그리드} 콘트롤

데이터를 표 형식으로 표현하고 계산할 수 있게 됩니다.

StringGrid^{스트링그리드}는 *String*^{스트링. 문자열} 데이터를 모아 *Grid*^{그리드. 격자} 형태로 표현한다(한글로는 '스트링그리드' 또는 그냥 '그리드'라고 하겠다).

*StringGrid*는 툴 팔레트의 *Additional* 그룹 안에 들어있다. *StringGrid* 컴포넌트의 이름을 지을 때 sgd 를 접두사로 붙인다. 우리는 sgdMy 라는 이름을 쓰기로 한다.

*StringGrid*에는 고정 셀이 있다. 대체로, 가장 왼쪽 열과 가장 위의 행에 있는 셀이다. 이것은 일반 셀의 헤더가 되고, 실행 시 사용자가 마우스로 고정 셀의 크기를 조정하면, 그리드 안에 있는 일반 셀의 높이와 너비를 변경할 수 있다.

고정 열과 고정 행의 개수를 직접 지정하려면, *FixedCols*와 *FixedRows* 프로퍼티를 사용한다. 만약 모두 0으로 지정되면, 이 그리드에는 고정 셀이 없게 된다. 일반적인 경우라면,

```
sgdMy.FixedCols:= 1; //고정 열의 개수 = 1
sgdMy.FixedRows:= 1; //고정 행의 개수 = 1
```

그리드에서 고정 셀이 아닌 열과 행에는 줄을 얼마든지 넣을 수 있고, 줄의 개수는 프로그램에서 변경할 수도 있다. 만약 그리드가 표시되는 화면보다 그리드의 내용이 더 많으면

자동으로 알맞은 스크롤이 생긴다. 그리드에서 스크롤을 사용하면 고정 행과 고정 열은 스크롤에 관계없이 항상 표시되지만, 내용은 스크롤되어 넘어가게 된다.

Cells^[셀스]는 *StringGrid*에서 중심이 되는 프로퍼티이다. *Cells* 프로퍼티는 *Cell*^셀들의 모음이고 각 *Cell*들에는 *Text*^글가 들어갈 수 있다. Cells에는 좌표 2개가 있다. — *Cell*이 있는 열의 번호와 행의 번호이다. 첫 번째 행은 0번 행이고 첫 번째 열은 0번 열이다.

*Cells*는 *String* 타입을 가진다.

실행 중에 손으로 *Cells* 안에 값을 넣을 수 있다. 이렇게 하려면 오브젝트 인스펙터에서 *Options* 프로퍼티의 + 표를 눌러서 펼치고 *goEditing* 프로퍼티를 True 로 설정한다.

*Cell*의 값은 프로그램에서 할당 연산자를 사용하여 넣을 수도 있다. *Cell*에 들어가려면 인덱스번호를 사용한다. 첫 번째가 열 번호이고, 두 번째가 행 번호인 점을 기억하자.

예문

```
sgdMy.Cells[1,1]:= '고정 셀이 아닌 것 중 가장 왼쪽 위의 셀' ;
sgdMy.Cells[0,0]:= '번호: ';
```

'번호'라는 문자열이 그리드의 가장 첫 번째 셀 즉, 고정 영역의 첫 번째 셀에 표시된다.

*ColCount*와 *RowCount* 프로퍼티의 값은 그리드의 규모를 정한다.

ColCount 와 *RowCount* 는 프로그램이 시작되거나 실행되는 도중에 변경될 수 있다. 하지만, *FixedCols* 와 *FixedRows* 의 값보다는 최소한 하나 이상 더 커야 한다.

sgdMy 그리드에서 열의 개수는 3으로, 행의 개수는 5로 지정해보자.

```
sgdMy.ColCount:= 3;
sgdMy.RowCount:= 5;
```

FixedColor 프로퍼티는 고정 셀들의 색상을 지정하고 *Color* 프로퍼티는 나머지 일반 셀들의 색상을 지정한다.

예제 프로그램을 작성해보자. 폼에는 행, 열, 고정 행, 고정 열의 개수를 받을 텍스트박스 4개와 버튼 3개, 그리드가 1개가 있다. 첫 번째 버튼을 클릭하면 텍스트박스에 입력된 설정값대로 *StringGrid*가 표시된다. 두 번째 버튼을 클릭하면 고정 셀들이 녹색으로 칠해진다. 세 번째 버튼을 클릭하면 나머지 일반 셀들이 빨강으로 칠해진다. (주의, 델파이가 오래된 버전이 아니라면, *StringGrid*의 *DrawingStyle* 프로퍼티가 `gdsClassic`로 설정되어 있어야 색상 변경이 적용될 수 있다)

```
procedure GetGridParam(var n1, n2, n3, n4: Integer);
begin
   n1:= StrToInt(frmGrid.edtLine.Text);
   n2:= StrToInt(frmGrid.edtStolb.Text);
   n3:= StrToInt(frmGrid.edtFline.Text);
   n4:= StrToInt(frmGrid.edtFstolb.Text);
end;
procedure CreateGrid(n1, n2, n3, n4: Integer);
begin
   frmGrid.sgdMy.RowCount:= n2;
   frmGrid.sgdMy.ColCount:= n1;
   frmGrid.sgdMy.FixedCols:= n4;
   frmGrid.sgdMy.FixedRows:= n3;
end;
procedure TfrmGrid.btnTablClick(Sender: TObject);
var
   nl, ns, nfl, nfs: Integer;
begin
   GetGridParam(nl, ns, nfl, nfs); //그리드를 만들기 위한 파라미터를 받는다
   CreateGrid(nl, ns, nfl, nfs); //정해진 파라미터에 맞게 그리드를 만든다
end;
procedure TfrmGrid.btnCellRedClick(Sender: TObject);
begin
   frmGrid.sgdMy.Color:= clRed;
end;
procedure TfrmGrid.btnFCGreenClick(Sender: TObject);
begin
   frmGrid.sgdMy.FixedColor:= clGreen;
end;
```

유용한 StringGrid 프로퍼티 몇가지

프로퍼티	설명
BorderStyle: TBorderStyle;	그리드 테두리의 모습을 명시한다: bsNone — 테두리 없음; bsSingle — 테두리 두께 1 pixel.
ColCount: LongInt;	그리드의 열 개수를 넣는다
DefaultColWidth: Integer;	그리드의 열 너비 기본값을 넣는다
RowCount: LongInt;	그리드의 행 개수를 넣는다
DefaultRowHeight: Integer;	그리드의 행 높이 기본값을 넣는다.
Color: TColor;	셀들의 색상을 조정한다.
FixedCols: Integer;	고정열의 개수를 조정한다.
FixedRows: Integer;	고정행의 개수를 조정한다.
FixedColor: TColor;	고정 셀의 색상을 조정한다.
GridHeight: Integer;	(읽기 전용) 그리드 높이를 가지고 있다.
GridWidth: Integer;	(읽기 전용)그리드 너비를 가지고 있다.
GridLineWidth:	그리드 줄의 두께를 명시한다.

실습

Exercise 1.

StringGrid 하나를 만든다.

텍스트박스에서 다음 값을 받는다:

* 행의 개수
* 열의 개수
* 고정행의 개수
* 고정열의 개수

버튼 3개를 만들고 고정 셀의 색상을 (버튼 마다 다른 색이 반영되도록) 바꿔보자.
버튼 3개를 만들고 일반 셀의 색상을 (버튼 마다 다른 색이 반영되도록) 바꿔보자.

텍스트박스 하나와 버튼 2개를 만든다. 그리드의 셀들을 무작위 숫자들로 채운다.

첫 번째 버튼을 클릭하면, 텍스트박스에 있는 번호를 가진 열의 내용을 메모에 표시한다. 두 번째 버튼을 클릭하면, 텍스트박스에 있는 번호를 가진 행을 메모에 표시한다.

Exercise 2.

StringGrid 하나를 만든다.

학생들이 물리학 실험실에서 실험을 하고 있다. 학생들은 아래와 같이 실험 횟수, 실험의 가중치, 그리고 측정된 값들을 얻는다.

실험 횟수와 가중치를 텍스트박스에 넣는다.

측정된 값들은 키보드로 그리드 안에 입력한다. 실험 결과를 모두 그리드에 넣고 나면, 프로그램에서 결과값을 계산하고 최대값과 최소값을 찾아내보자.

예를 들어, 실험 횟수가 5회이고, 가중치가 10이라면 표는 다음과 같다.

실험 횟수	가중치	측정된 값	결과값	최대값/최소값
1	10	83	830	최대값
2	10	51	510	
3	10	67	670	
4	10	49	490	최소값
5	10	75	750	

Memo

StringGrid^{스트링그리드} 실습

표 안에 있는 데이터를 자유롭게 다루고 활용할 수 있게 됩니다.

찾고 있는 값이 들어있는 셀이 몇 열 몇 행에 있는지 인덱스번호^{index}를 알아내 보자.

그리드에서 찾고 있는 값이 들어있는 셀의 인덱스번호를 찾는 문제는 인덱스번호 2개 즉, 행과 열을 모두 찾아야 한다는 점만 다른 뿐 *TMemo*나 1차원 배열에서 사용했던 방식으로 풀 수 있다. 그저 첫 번째 인덱스번호를 찾는 루프 안에 두 번째 인덱스번호를 찾는 루프를 하나 더 추가하면 된다.

Exercise 1.

정수 행렬이 있다. 이 행렬의 각 행마다 음수가 몇 개씩 들어 있는지 찾아서 적어보자.

해법

Random 함수를 사용하여 *StringGrid*에 숫자를 채운다. 그리드의 인덱스번호는 0에서부터 시작 한다는 것을 기억하자. 결과는 *TMemo*에 표시하기로 한다.

델파이 프로그램을 적어보자.

폼 안에 텍스트박스 2개를 두어서 행과 열의 개수를 지정하도록 한다. *StringGrid*와 *TMemo*, 그리고 버튼 2개도 폼에 올려 둔다.

첫 번째 버튼을 클릭하면 *StringGrid*를 만들고 채운다.

```
procedure Tform1.Button1Click(Sender: TObject);
var
   i, j, n, m: Integer;
begin
   n:=StrToInt(edit1.Text);
   m:=StrToInt(edit2.Text);
   sgdEx.RowCount:= n;
   sgdEx.ColCount:= m;
   for i:=0 to  n-1  do
      for j:=0 to  m-1 do
         sgdEx.Cells[j,i]:= IntToStr(Random(100)-50);
end;
```

두 번째 버튼을 클릭하면 각 줄에서 음수인 요소의 개수를 찾아서 *TMemo*에 표시한다.

```
procedure Tform1.Button2Click(Sender: TObject);
var
   i, j, n, m, k: Integer;
begin
   n:=sgdEx.RowCount;
   m:=sgdEx.ColCount;
   for i:=0 to  n-1  do
   begin
      k:=0;
      for j:=0 to  m-1 do
         if StrToInt(sgdEx.Cells[j, i])<0 then
            k:=k+1;
      memo1.Lines.Append(IntToStr(k));
   end
end;
```

Exercise 2.

음수인 요소들 모두를 음수에서 양수로 교체해보자.

가능한 해법들:

- 음수에 (−1)을 곱한다.
- 음수의 절대값을 찾아낸다(Abs함수를 사용한다).
- 음수 앞에 단항 연산자 '−'를 붙인다.

프로그램 1

```
procedure Tform1.Button2Click(Sender: TObject);
var
   i, j, n, m: Integer;
begin
   n:=sgdEx.RowCount;
   m:=sgdEx.ColCount;
   for i:=0 to  n-1  do
   begin
      for j:=0 to  m-1 do
         if StrToInt(sgdEx.Cells[j, i])<0 then
            sgdEx.Cells[j, i]:=IntToStr((-1)*StrToInt(sgdEx.Cells[j, i]));
   end
end;
```

프로그램 2

```
procedure Tform1.Button2Click(Sender: TObject);
var
   i, j, n, m: Integer;
begin
   n:= sgdEx.RowCount;
   m:= sgdEx.ColCount;
```

```
    for i:= 0 to  n-1  do
    begin
        for j:= 0 to  m-1 do
            sgdEx.Cells[j,i]:= IntToStr(Abs(StrToInt(sgdEx.Cells[j, i])));
    end
end;
```

프로그램 3

```
procedure Tform1.Button2Click(Sender: TObject);
var
    i, j, n, m: Integer;
begin
    n:= sgdEx.RowCount;
    m:= sgdEx.ColCount;
    for i:= 0 to  n-1  do
    begin
        for j:= 0 to  m-1 do
            if StrToInt(sgdEx.Cells[j, i])<0 then
                sgdEx.Cells[j, i]:= IntToStr(-StrToInt(sgdEx.Cells[j, i]));
    end
end;
```

Exercise 3.

행과 열의 개수가 같은 배열이 있다. 이 배열이 주 대각선을 따라 대칭 배열인지 아닌지를
알아내 보자.

01001
10011
00110
01100

해법

이 규칙을 사용하자: 행렬이 대칭이려면, i = 1, 2, ⋯, n 이고 j =1, 2, ⋯, n 일때 i〉j인 모든

경우에 `StringGrid1.Cells[i, j]= StringGrid1.Cells[j, i]`이어야 한다. 따라서,

프로그램을 이렇게 적으면 된다.

```
procedure Tform1.Button1Click(Sender: TObject);
var
    i, j, n: Integer;
begin
  n:= StrToInt(edit1.Text);
  sgdEx.RowCount:= n;
  sgdEx.ColCount:= n;
  for i:=0 to  n-1  do
      for j:=0 to  n-1  do
          sgdEx.Cells[j, i]:= IntToStr(Random(2));
  label2.Caption:= '';
end;
procedure Tform1.Button2Click(Sender: TObject);
var
  i, j, n, m: Integer;
  simm: boolean;
begin
  n:= sgdEx.RowCount;
  simm:= True;
  {일단 이 행렬이 대칭이라고 가정한다}
  i:=1;
  while  simm and (i <  n)  do
  begin
     j:=0;
     while (j < i) and (sgdEx.Cells[j, i]= sgdEx.Cells[i, j]) do
         j:= j+1;
     simm:= (j=i);
     i:= i+1;
  end;
```

```
    if simm then
        label2.Caption:= '이 행렬은 대칭입니다';
    else
        label2.Caption:= '이 행렬은 대칭이 아닙니다';
end;
```

Exercise 4.

n개의 열과 m개의 행을 가진 행렬을 다음과 같이 적어보자.

```
12345 … …  n
2n … n+2 n+1
2n+1 … …  3n
```

해법

이런 식으로 행렬을 채울 수 있도록 규칙을 정해야 한다. 이 경우 규칙은 다음과 같다.

만약 홀수 행이면, sgdEx.Cells[j, i]:= IntToStr(i*m + j+1) 이다. 그렇지 않으면, (짝수 행이라면) sgdEx.Cells[j, i]:= IntToStr((i+1)*m-j) 이다.

이 규칙을 프로그램으로 적어보자.

```
procedure Tform1.Button1Click(Sender: TObject);
var
   i, j, n, m: Integer;
begin
   n:=StrToInt(edit1.Text);
   m:=StrToInt(edit2.Text);
   sgdEx.RowCount:= m;
   sgdEx.ColCount:= n;
   for i:=0 to  m-1  do
       for j:=0 to  n-1 do
           if i mod 2 =0 then
               sgdEx.Cells[j, i]:= IntToStr(i*n + j+1);
```

```
        else
            sgdEx.Cells[j, i]:= IntToStr((i+1)*n-j);
end;
```

실습

Exercise 1.

행과 열이 모두 n개인 다음과 같은 구조가 되도록 행렬을 0과 1로 채운다.

(예문은 5 x 5 배열인 경우):

```
1 1 1 1 1
0 1 1 1 0
0 0 1 0 0
0 0 0 0 0
0 0 0 0 0
```

Exercise 2.

행과 열이 모두 n개인 다음과 같은 구조가 되도록 행렬을 0과 1로 채운다.

(예문은 5 x 5 배열인 경우):

```
0 0 0 0 0
0 0 0 0 0
0 0 1 0 0
0 1 1 1 0
1 1 1 1 1
```

Exercise 3.

특정 범위 안의 무작위 값들로 m개의 열과 n개의 행을 가진 행렬을 채운다. 범위의 최대 값과 최소값은 키보드에서 입력 받는다.

각 행에서 최소값을 가진 요소를 찾은 후에, 주 대각선에 있는 요소와 맞바꾼다.

Exercise 4.

특정 범위 안의 무작위 값들로 m개의 열과 n개의 행을 가진 행렬을 채운다. 범위의 최대값과 최소값은 키보드에서 입력 받는다.

각 열에서 홀수 행에 있는 값들을 찾아서 표시한다.

그리고, 홀수 열에 있는 모든 양수 값을 찾아서 표시한다.

2차원 배열^{Array}들

2차원 배열을 만들고, 그 값을 표에 넣어서 표현할 수 있게 됩니다.

이미 배운 바와 같이, 배열은 타입이 동일한 요소들이 줄지어 있는 것으로 이름은 하나이지만 각자 다른 인덱스번호를 가지고 있다. 모든 배열에서 각 요소는 (메모리 안에서) 서로 옆에 붙어 있다.

첫 번째 요소	두 번째 요소	세 번째 요소	...	N 번째 요소

우리는 숫자나 문자열 또는 다른 타입으로 된 데이터들을 한 줄로 늘어 놓고 작업할 때 1차원 배열을 사용한다.

모든 배열은, 본질적으로, 1차원으로 보일 수 있어야 한다. 2차원이나 다차원 배열은 데이터를 보다 쉽게 표현하고 다루기 위해 필요하다.

2차원 배열에는 인덱스번호가 2개 있고, N차원 배열에는 인덱스번호가 N개 있다.

표 형식으로 되어 있는 데이터와 관련된 문제를 해결하는 과정은 2차원 배열을 사용하면 편리하다.

예를 들어, 데이터를 받은 후에, 열이 3개이고, 행이 5개인 표로 표시하고 다루어 보자.

첫 번째 열					두 번째 열					세 번째 열				
el 1	el 2	el 3	el 4	el 5	el 6	el 7	el 8	el 9	el 10	el 11	el 12	el 13	el 14	el 15

이 배열의 요소^{Element}들

이 배열의 요소^{Element}들

위에 있는 데이터는 열 3개로 구성된 배열 하나인데, 요소인 각각의 열은 행 5개로 구성된 배열이다. 이것을 '배열들의 배열'이라고 부른다.

이런 종류의 배열은 *StringGrid*에 다음과 같이 들어간다.

	첫 번째 열	두 번째 열	세 번째 열
첫 번째 행	요소1	요소 6	요소 11
두 번째 행	요소 2	요소 7	요소 12
세 번째 행	요소 3	요소 8	요소 13
네 번째 행	요소 4	요소 9	요소 14
다섯 번째 행	요소 5	요소 10	요소 15

이 배열을 선언해 보자.

먼저 열 배열을 선언한다.

```
const
    m=3;
type
    TCol_Array=Array[1..m] of TRow_Array;
```

이제, 각 열 안에 들어갈 행 배열을 선언하여 덧붙인다.

```
const
    m=3;
    n=5;
type
    TRow_Array=Array[1..n] of Integer;
    TCol_Array=Array[1..m] of TRow_Array;
```

다른 예로, 데이터를 받은 후에, 행이 3개이고, 열이 5개인 표로 표시하고 다루려면,

첫 번째 행					두 번째 행					세 번째 행				
el 1	el 2	el 3	el 1	el 2	el 3	el 1	el 2	el 3	el 1	el 2	el 3	el 1	el 2	el 3

이 배열의 요소^{Element}들

위에 있는 데이터는 행 3개로 구성된 배열 하나인데, 요소인 각각의 행은 열 5개로 구성된 배열이다. 우리는 '배열들의 배열'을 또 하나 가지게 되었다.

이 경우, *StringGrid*에는 다음과 같이 들어간다.

	첫 번째 열	두 번째 열	세 번째 열	네 번째 열	다섯 번째 열
첫 번째 행	요소 1	요소 2	요소 3	요소 4	요소 5
두 번째 행	요소 6	요소 7	요소 8	요소 9	요소 10
세 번째 행	요소 11	요소 12	요소 13	요소 14	요소 15

이 배열 타입을 정의해보자.

먼저, 행 배열을 선언한다.

```
const
    n=3;
type
    TRow_Array=Array[1..n] of TCol_Array;
```

이제, 각 행 안에 들어갈 열 배열을 선언하여 덧붙인다.

```
const
    n=3;
    m=5;
Type
    TCol_Array =Array[1..m] of Integer;
    TRow_Array =Array[1..n] of TCol_Array;
```

위의 예문들처럼, 2차원 배열(과 N차원 배열)은 배열들의 배열로 표현할 수 있다. 2차원 배열은 행들의 배열 또는 열들의 배열이 될 수 있다.

2차원 배열 A의 요소들을 다룰 때에는 다음과 같이 한다.

A[1][4] 또는 A[3][5] 또는 A[I][j], I 는 2차원 배열에서의 인덱스번호이고, j는 1차원 배열(바깥쪽 2차원 배열 안의 요소 각각에 들어 있는 1차원 배열)에서의 인덱스번호이다.

예제를 가지고 작업해보자.

열 M개와 행 N개로 구성된 2차원 배열의 정수 요소에 –10 에서 10까지 (–10과 10을 포함하여) 무작위 숫자로 채운다. 그리고 이 배열을 *StringGrid* 콘트롤 요소에 표현한다. *StringGrid*의 고정 셀fixed cell 인 열과 행의 개수는 0으로 하는 것이 좋겠다.

먼저, 배열 타입을 선언한다.

```
const
    n=3;
    m=6;
type
    TArray_1=Array[1..n] of Integer;
    TArray_2=Array[1..m] of TArray_1;
```

이제, 해법을 적어보자.

```
var
    c: TArray_2;
begin
    FillArray(c);//배열 C를 채워 넣는다.
    TableOutput(c);//배열 C를 문자표로 내보낸다.
end;
```

이제, 프로시저들을 작성하자. 열 배열을 먼저 채우는 프로시저부터 시작해보자.

```
procedure FillArray(var arr: TArray_2);
    var i: Integer;
begin
    Randomize;
    for i:=1 to m do //i가 1 에서 시작, M이 될 때까지 반복
        FillColumn(arr[i]); //i번째 열배열을 채워 넣는다.
end;
```

이제, 열을 무작위 숫자로 채우는 프로시저가 필요하다. 숫자의 범위는 −10에서 10까지이다.

```
procedure FillColumn(var ma_1: TArray_1);
var
    j: Integer;
begin
    for j:= 1 to n do //j가 1 에서 시작, N이 될 때까지 반복
        ma_1[j]:= Random(21)-10; //j 번째 배열 요소에는 −10에서 10까지 (−10과 10도 포함)
의 숫자가 무작위로 들어간다.
end;
```

만들어진 결과 배열을 *StringGrid*로 내보내는 프로시저는 다음과 같이 정의한다.

폼의 이름은 frm2arr로, *StringGrid*의 이름은 sgdMy라고 하자.

```
procedure TableOutput(arr: TArray_2);
var
    i, j: Integer;
begin
    frm2arr.sgdMy.FixedCols:=0; //고정열의 개수
    frm2arr.sgdMy.FixedRows:=0; //고정행의 개수
    frm2arr.sgdMy.ColCount:=m; //열의 개수
    frm2arr.sgdMy.RowCount:=n; //행이 개수
    for i:=1 to m do
        for j:=1 to n do
            frm2arr.sgdMy.Cells[i-1, j-1]:=IntToStr(arr[i][j]);
end;
```

우리가 이 배열의 행과 열을 서로 바꾸어서 *StringGrid*로 내보낸다면 어떻게 될까? 이경우, 행은 3개가 되고, 각 행마다 열 6개씩 들어간다. *StringGrid*의 셀을 지정할 때 앞의 숫자는 열의 인덱스번호이고, 뒤의 숫자는 행의 인덱스번호라는 점을 잊지 말자.

이 배열을 *StringGrid*로 내보내는 프로시저는 다음과 같다.

```
procedure TableOutput(arr: Array_2);
var
    i, j: Integer;
begin
    frm2arr.SgdMy.ColCount:= n; //n — 배열에 있는 행의 개수
    frm2arr.SgdMy.RowCount:= m; //m — 배열에 있는 열의 개수
    for i:=1 to n do
        for j:=1 to m do
            frm2arr.SgdMy.Cells[i-1, j-1]:= IntToStr(arr[j][i]);
end;
```

실습

Exercise 1.

M개의 열과 N개의 행으로 구성된 2차원 배열 하나를 무작위 숫자로 채운다.

텍스트박스 2개에서 각각 숫자 범위의 최소값과 최대값은 받는다.

만들어진 배열을 *StringGrid* 표로 내보낸다. 고정 셀인 열과 행의 개수는 0이다.

TMemo 컴포넌트에는 다음의 값들을 적어 넣는다.

- 배열에 있는 모든 요소들의 합
- 배열에 있는 값들 중에서 최소값과 최대값
- 각 열 별로 안에 있는 요소들의 합

모든 결과는 설명과 함께 적는다. 예를 들어,

- 배열에 있는 모든 요소들의 합 = 234.
- 최대값 요소 = 68.
- 최소값 요소 = 5.
- 1 번째 열에 있는 요소들의 합 = 94.
- 2 번째 열에 있는 요소들의 합 = 43.

Exercise 2.

2차원 배열을 무작위 *Real*실수들로 채운다. 이 배열은 N개의 행과 M개의 열을 가진다.

TEdit 컴포넌트 2개에서 무작위 숫자의 범위를 입력 받는다.

StringGrid 컴포넌트를 만든다. 고정 셀인 열과 행의 개수는 1로 설정한다.

만들어진 결과 배열을 이 *StringGrid* 컴포넌트로 내보낸다.

StringGrid 컴포넌트의 각 행마다 마지막 셀에 그 행의 요소들의 합계를 계산하여 넣는다.

Memo

날짜와 시간

날짜와 시간을 표현하고 계산할 수 있게 됩니다.

델파이에는 날짜 값과 시간 값을 가지고 작업을 하는데 필요한 특별한 데이터 타입, 즉 *TDateTime*[티데이트타임] 이 있다

날짜나 시간 값이 들어갈 변수를 선언하는 방법은 다음과 같다.

```
var
   a, b: TDateTime;
```

*TDateTime*은 날짜-시간 값을 가질 수 있는 *Double*[더블] 데이터 타입이다. *TDateTime* 값에서 (소수점 앞의) 정수 부분은 1899년 12월 30일을 기준으로 지나간 날들의 개수이다.

TDateTime 값에서 (소수점 뒤의) 분수 부분은 그날의 시간 값이다.

날짜 2개의 차이를 알아내려면, (*TDateTime* 값 2개 중 어느 하나라도 음수가 아니라면) 두 값을 가지고 뺄셈을 하면 된다. 이와 마찬가지로, 어느 날짜에서 일정 시간을 더하려면, (그날의 *TDateTime* 값이 양수라면) 그 날짜-시간 값에 증가할 시간 값을 더하면 된다.

음수인 *TDateTime*을 가지고 작업을 할 때에는, 소수점 앞의 영역인 날들의 개수와 소수점 뒤의 영역인 시간값을 반드시 별도로 나누어서 다루어야 한다. 시간값 즉 분수 부분은 하

루 24시간을 나눈 부분이이며, *TDateTime* 값의 표시[sign], 즉 날들의 개수가 음수인지 양수인지는 고려하지 않는다. 예를 들어, 1899년 12월 29일 오전 6:00은, -1일을 소수점 앞에 먼저 넣고 그 날의 시간값인 0.25를 소수점 뒤에 붙이기 때문에 -1.25가 된다. -1 + 0.25로 계산하여 -0.75가 되는 것이 아니다. *TDateTime* 값에는 -1에서 0사이가 없다.

Tip | TDateTime 값에 -1에서 0사이가 왜 존재하지 않는지를 한번 더 설명하겠습니다. 날짜는 날짜끼리 계산하여 TDateTime 값에 반영하고, 다시 시간은 시간끼리 계산하여 TDateTime 값에 추가로 붙이게 된다는 점을 알아두세요. 1899년 12월 29일 오전 0:01은 위 설명과 같이 날짜만 계산한 값인 -1일을 먼저 넣고 소수점 뒤에 오전 0:01의 시간 값인 0.000694…을 붙이기 때문에 -1.000694…가 됩니다. 1899년 12월 29일 오후 11:59은 역시 같은 날짜값인 -1이 들어가고 나서, 소수점 뒤에 오후 11:59의 시간 값인 0.999305……이 붙기 때문에 -1.999305…가 됩니다. 1899년 12월 30일 오전 0:01은 날짜값이 0이고 여기에 오전 0:01의 시간값인 0.000694…가 붙으면 0.000694…가 됩니다. 따라서 -1에서 0 사이의 값은 존재하지 않습니다.

날짜를 가지고 작업하는 프로시저들

다음에 나오는 프로시저들을 잘 살펴보자.

*DecodeDate(Date: TDateTime; var Year, Month, Day: Word);*는 *TDateTime* 값으로 주어진 날짜에서 연도, 월, 일에 해당하는 값을 꺼낸다.

예를 들어, 만약 변수 A에 2008년 3월 1일이라는 날짜가 들어 있다면

DecodeDate (A, y, m, d) 의 결과는 y=2008, M=3, d=1 이다.

*DecodeTime(Time: TDateTime; var Hour, Min, Sec, MSec: Word);*은 *TDateTime* 값으로 주어진 시간에서 시, 분, 초, 밀리초[millisecond]에 해당하는 값을 꺼낸다.

날짜를 가지고 작업하는 함수들

TDateTime 타입인 변수 3개가 있다고 가정해보자.

```
var
    a, b, c: TDateTime;
begin
    a:=Date;  //현재 날짜를 반환한다
    b:=Time;  //현재 시간을 반환한다
    c:=Now;  //현재의 날짜와 시간을 반환한다
end;
```

이 함수들은 컴퓨터에 설정된 날짜와 시간을 가져온다. 따라서 컴퓨터에 설정이 정확하지 않으면, 이 함수들은 잘못된 날짜와 시간을 반환한다.

날짜와 시간을 문자열로 변환하는 함수들도 있다.

TimeToStr(t: TDateTime): String; 은 *TDateTime* 값에 있는 시간 부분을 *String*으로 변환한다. 시간 표현 형식은 *LongTimeformat* 값과 *TimeSeparator* 값을 사용한다.

DateToStr(t: TDateTime): String; 은 *TDateTime* 값에 있는 날짜 부분을 *String*으로 변환한다. 날짜 표현 형식은 *ShortDateFormat* 값과 *DateSeparator* 값을 사용한다. 예를 들어 '2016-04-15'와 같다.

DateTimeToStr(t: TDateTime): String; 은 *TDateTime* 값의 날짜와 시간을 설정된 표현 형식에 맞추어 날짜와 시간 *String*으로 변환한다. 이 *String*의 구성은,

날짜는 *ShortDateFormat* 표현 형식으로, 시간은 *LongTimeFormat* 표현 형식으로 표현되고, 날짜와 시간 사이는 공백이 하나 구분된다.

위의 표현 형식들은 기본적으로 컴퓨터에 설정된 날짜와 시간 형식, 즉 윈도우의 제어판에서 설정한 '날짜 및 시간' 형식이 적용된다. 또한 프로그램에서 *FormatSettings. LongTimeFormat* 등 날짜나 시간 형식을 변경하면 원하는 형식으로 표현할 수 있다.

또한, 문자열을 날짜, 시간 또는 날짜시간으로 변환하는 함수들도 있다.

```
StrToTime(S: String): TDateTime;
StrToDate(S: String): TDateTime;
StrToDateTime(S: String): TDateTime;
```

날짜와 시간을 표현하는 문자열의 특징들:

*   시간에서, 초를 생략할 수도 있다. 예를 들어 '9:10'은 '9:10:00'로 알아서 변환된다.
*   날짜는 정확해야 한다.
*   만약 연도를 두 자리 수로 명시하면, 1930 – 2030 사이의 연도로 변환된다.
*   만약 연도가 명시되지 않으면, 현재의 연도로 변환된다.
*   월(month)과 일(day)는 반드시 명시되어야 한다.

날짜와 시간을 가지고 작업하는 함수들을 몇 가지 더 살펴보자.

DayOfWeek(Date: TDateTime): Word 는 요일의 인덱스번호를 반환한다: 1 = 일요일, 2 = 월요일 등.

DecodeDateFully(Date: TDateTime; var Year, Month, Day, DOW: Word): Boolean 은 연도, 월, 일, 요일을 뽑아내고, 윤년이면 `True`를 아니면 `False`를 반환한다.

EncodeDate(var Year, Month, Day: Word): TDateTime 은 전달받은 연, 월, 일 값을 가지고 TDateTime을 만들어서 반환한다.

EncodeTime(Hour, Min, Sec, Msec: Word): TDateTime 은 전달받은 시, 분, 초, 밀리초[MSec] 값을 가지고 *TDateTime* 을 만들어서 반환한다.

날짜 연산

*   날짜 2개를 가지고 빼기를 할 수 있다. 이 두 날짜 사이의 날들의 개수가 결과이다.
*   날짜 2개를 더한다는 것은 말이 되지 않지만, 앞에서 배운 것처럼 날짜는 정수로 저장되기 때문에 2개의 날짜 즉, 2개의 두 정수를 더하거나 빼면 새로운 날짜를 의미하는 정수를 얻게 된다(이 경우에는 차이가 나는 날들의 개수만큼이 반영된다).

시간을 합산하는 방식은 다음과 같다.

예를 들어, 1.5 시간 후의 시간을 알아내는 방법 2가지는,

```
Time+(1.5/24); //또는
Time+StrToTime('1:30');
```

실습

Exercise 1.

StringGrid에 성명, 생일, 노벨상 수상일자가 들어있다. 최연소 수상자의 이름을 알아내보자.

Exercise 2.

학교에서 각각의 수업은 정해진 시간 동안 동일하게 진행된다. 수업 시간 사이의 휴식시간도 모두 정해진 시간에 따라 동일하다. 하지만, 수업 시간은 휴식 시간보다 더 길다. 이 가정에 따라 우리는 첫 번째 수업 시작 시간, 수업 소요 시간, 휴식 소요 시간, 수업 횟수를 텍스트박스에서 받아서 그날의 수업 시간표를 만들어보자. 시간표는 다음과 같은 모양이다.

	시작 시간	종료 시간
1 교시	9:00	9:40
휴식	9:40	9:50
2 교시	9:50	10:30
휴식	10:30	10:40
. . .		

Exercise 3.

텍스트박스에서 날짜를 받는다. 이 날짜가 현재 날짜로부터 몇 년, 몇 개월, 몇 일 떨어져 있는지를 계산하고, 그 결과를 다른 레이블에 표시해보자.

Memo

타이머^{Timer}

특정 시간 간격을 두고 실행되도록 프로그래밍할 수 있게 됩니다.
타이머를 사용하여 반짝이는 별들을 표현할 수 있습니다.

프로그래밍을 하다 보면, 프로그램 안에 있는 어떤 문장이 특정 시간 중에만 실행되어야 하는 경우가 있다. 실행되고 나서 5초가 지나면 폼을 빨강으로 칠해야 한다고 생각해보자.

이 작업을 완수하려면, *Timer*^{타이머} 컴포넌트를 사용한다. *Timer*는 *System* 그룹 안에 있다.

*Timer*를 폼 위 아무 곳이나 올려 놓는다. (프로그램이 실행되는 동안 즉, 런타임에는 눈에 보이지 않는다) 이 컴포넌트가 가진 프로퍼티들을 오브젝트 인스펙터에서 살펴보자.

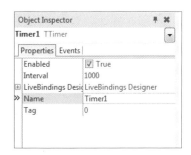

Name 프로퍼티 뿐만 아니라, *Enabled*와 *Interval* 프로퍼티를 잘 보아두자. 만약 *Enabled*가 `True`이면, 타이머가 작동된다. `False`이면, 이 타이머는 꺼진 상태이다. *Interval* 프로퍼티에는 타이머가 얼마나 오래 기다렸다가 반응할 것인지를 밀리초 단위로 적는다. 기본값은

1,000 즉 1초이다.

Interval 값을 5,000 (즉, 5초)으로 설정하자.

폼에 있는 타이머를 더블 클릭하면 이 타이머의 *Timer* 이벤트핸들러가 만들어진다. 우리는 폼의 색상을 변경하는 구문을 이벤트핸들러 안에 넣을 수 있다. 아래와 같다.

```
procedure Tform1. Timer1Timer(Sender: TObject);
begin
    form1.Color:= clRed;
end;
```

프로그램을 실행하면 얼마 후 폼이 빨강으로 칠해지는 것을 보게 된다.

이 프로그램을 조금만 고쳐보자. 버튼을 하나 올리고 버튼 클릭 이벤트핸들러에 다음과 같은 구문을 추가한다.

```
procedure Tform1.Button1Click(Sender: TObject);
begin
    Timer1.Enabled:= True;
end;
```

오브젝트 인스펙터에서 Timer1의 *Enabled* 프로퍼티를 False로 설정한다.

이제 프로그램을 실행해도 아무 일도 생기지 않는다. 하지만, 버튼을 클릭하고 나서 5초가 지나면, 폼이 빨강으로 칠해진다. 즉, 이 버튼을 클릭하면, *Enabled* 프로퍼티가 True 설정되므로 Timer1이 켜진다. 그리고 설정된 *Interval* 값인 5초 후에 Timer1의 *Timer* 핸들러가 실행된다.

Timer 핸들러를 다음과 같이 바꿔보자.

```
procedure Tform1.Timer1Timer(Sender: TObject);
begin
    form1.Color:= 256*256*Random(256)+256*Random(256)+Random(256);
end;
```

이제, 우리는 무작위 색상을 할당하였다.

이벤트핸들러도 바꿔보자.

```
procedure Tform1.Button1Click(Sender: TObject);
begin
    Timer1.Enabled:= True;
    Timer1.Interval:= 1500;
end;
```

이제, Timer의 간격이 1.5초로 설정되었다.

프로그램을 실행하고 버튼을 클릭해보자. 어떤 결과가 나타나는가? 매 1.5초 마다 폼의 색상이 무작위로 변경된다. 타이머는 작동되는 동안 시간 간격마다 자신의 *Timer* 이벤트핸들러를 호출한다. 타이머를 멈추려면 *Enabled* 프로퍼티를 False로 설정해야 한다.

폼 안에 버튼 몇 개를 더 추가하고 버튼 클릭이벤트핸들러를 작성해보자.

```
procedure Tform1.Button2Click(Sender: TObject);
begin
    Timer1.Enabled:= False;
end;
```

이제 이 첫 번째 버튼을 클릭하면 색상 변경이 시작되고, 두 번째 버튼을 클릭하면 멈춘다.

타이머가 단 한번만 실행되도록 하려면, *Timer* 이벤트핸들러 안에서 *Enabled* 프로퍼티를 False로 설정한다. 즉 1.5초 후에 단 한번만 색상 변경되고, 이후에는 변경되지 않도록 하려면, *Timer* 이벤트핸들러를 다음과 같이 변경해야 한다.

```
procedure Tform1.Timer1Timer(Sender: TObject);
begin
    form1.Color:= 256*256*Random(256)+256*Random(256)+Random(256);
    Timer1.Enabled:= False;
end;
```

시간이 지난 뒤에 타이머가 꺼지도록 하고 싶으면, 타이머를 하나 더 쓰면 된다. 예를 들어, 20 초 후에 색상 변경이 중단되도록 하려면, 지금 있는 타이머를 다루기 위한 타이머를 새로 추가한다. (*Enabled* 프로퍼티를 False로 설정하는 것을 잊지 말자) 그리고 이 두 번째 타이머의 이벤트핸들러를 작성해보자.

```
procedure Tform1.Timer2Timer(Sender: TObject);
begin
   Timer1.Enabled:=False;
   Timer2.Enabled:=False;
end;
```

첫 번째 버튼의 클릭 이벤트는 다음과 같이 변경한다.

```
procedure Tform1.Button1Click(Sender: TObject);
begin
   Timer1.Enabled:=True;
   Timer1.Interval:=1500;
   Timer2.Enabled:=True;
   Timer2.Interval:=20000;
end;
procedure Tform1.Timer1Timer(Sender: TObject);
begin
   form1.Color:= 256*256*Random(256)+256*Random(256)+Random(256);
end;
```

이 프로그램을 실행한다. 첫 번째 버튼을 클릭하면, 1.5초 간격으로 폼의 색상이 변경되다가 20초 후에는 변경되는 것을 멈춘다.

시간을 이용하면, 움직이는 오브젝트^Object를 만들 수 있다. 예를 들어 텍스트박스를 옮겨보자.

폼에 텍스트박스 하나를 올린다. Timer1의 *Timer* 이벤트핸들러를 다음과 같이 변경한다.

```
procedure Tform1.Timer1Timer(Sender: Object);
begin
    edit1.Left:=edit1.Left+15;
end;
```

프로그램을 실행하고 첫 번째 버튼을 클릭한다. 텍스트박스가 왼쪽에서 오른쪽으로 움직이는 것을 볼 수 있다.

즉, 타이머를 이용하면, 프로그램이 실행되는 중에 *Interval*에 설정된 시간에 따라 동적으로 파라미터를 변경하거나 움직이는 오브젝트^{Object} 만들기 등을 할 수 있다.

실습

Exercise 1.

타이머를 이용하여, 별이 빛나는 밤하늘을 그리는 프로그램을 적어보자. 별들은 빛났다가 얼마 후에 사라지도록 한다. (별 모양 대신, 원이나 삼각형 같은 기본 도형을 사용해도 좋다)

Exercise 2.

제한 시간 표시기를 만드는 프로그램을 적어보자.

허용할 제한 시간의 초 단위 값을 *TEdit*에서 받는다. 버튼을 클릭하면, *Timer*가 초단위로 카운트다운 한다. 시간이 0이 되자마자, *TEdit*의 배경색이 빨강으로 되고, *Timer*는 제한 시간을 0에서부터 다시 위로 세기 시작한다.

Exercise 3.

프로그램을 적어서 디지털 시계를 만들어 보자. 이 시계는 시간, 날짜, 요일을 보여준다.

Exercise 4.

바늘 시계를 흉내 낸 프로그램을 적어보자. 초침은 1초마다 이동한다. 분침은 1분마다, 시침은 1시간 마다 움직인다. (만약 시침 즉 시간을 가리키는 바늘이 부드럽게 이동하게 만들고 싶다면, 시침을 1시간 마다 움직이지 말고, 시간에서 지난 부분만큼을 미세하게 이동시키는 방법도 있다)

텍스트 파일^{Text File} 들

텍스트 파일을 다루는 프로그램을 만들 수 있게 됩니다.
텍스트 파일 안에 있는 데이터를 원하는 대로 꺼낼 수 있습니다.

데이터를 텍스트 파일에 쓰기

요즘에는 파일을 다루는 작업을 하지 않는 프로그램이 거의 없다.

파일^{File}이란 정보를 기록하는 디스크나 기타 정보 저장 미디어 안에 있는 한 부분이며 이름이 붙어있다.

파일들은 각각 특별한 목적이 있다. 표준 라이브러리 파일일 수도 있고 어느 프로그램에서 사용되는 데이터 파일일 수도 있다. 모든 파일은 자신들만의 고유한 형식이 있으며 이런 파일 고유 형식의 세부 사항은 파일에 데이터를 인코딩^{encoding}(코드로 기록) 하는 방식에 따라 결정된다.

가장 많이 사용되는 파일 형식은 텍스트 파일^{Text File} 형식이다.

텍스트 파일^{Text File}에는 줄을 하나 이상 넣을 수 있다. 그리고, 각 줄에는 문자들을 얼마든지 넣을 수 있다. 텍스트 파일에서 한 줄이 끝나면 특별한 문자인 줄-끝남^{end-of-line} 문자로 표시한다. 그리고 파일의 마지막은 파일-끝남^{end-of-file} 문자로 끝낸다. 텍스트 파일은 메모장^{Notepad}이나 여러 텍스트 파일 편집기에서 열고 편집할 수 있다.

텍스트 파일은 데이터들이 결합되어 묶여서 하나의 공동 이름이 붙은 파일이다. 텍스트 파일 이름은 대체로 *.txt*라는 확장자^{extention}를 가진다. 하지만 확장자가 *.txt*라고해서 반드시 텍스트 파일이라는 보장은 없다. 물론 텍스트 파일에 *.txt*가 아닌 다른 확장자을 붙일 수도 있다. 표준으로 사용되는 텍스트 파일 확장자로는 *.ini, .log, .inf, .dat, .bat* 등이 있다. 우리는 *.txt* 파일 확장자를 사용하기로 한다.

텍스트 파일은 순차 접근 파일이라서 앞에서 뒤로 순서대로만 접근할 수 있다.

순차 접근 파일 안에는 데이터 기록들이 파일 안에 적히는 순서대로 위치한다. 순서대로 하나 이어서 그 다음 순서이다. 특정 데이터 기록을 찾으려면, 프로그램이 파일의 맨 처음에서 시작하여 원하는 데이터에 도달할 때까지 순서대로 읽어나가야 하므로, 파일의 맨 앞에서부터 찾고 있는 데이터 기록이 있는 지점에 도달할 때까지만큼의 시간이 소요된다.

순차 접근 파일은 프로그램에서 파일에 들어있는 데이터 (거의) 전부를 처리하고, 파일 내용이 거의 변경되지 않는 경우에 사용하는 것이 좋다. 이런 파일의 약점은 최신 데이터로 업데이트, 데이터 기록을 새것으로 변경, 새 기록 끼워 넣기 등이 어렵다는 점이다.

델파이에서 텍스트 파일을 가지고 어떻게 작업하는지 살펴보자.

프로그램은 디스크^{Disk}에 직접 들어가지 못한다. 프로그램은 변수를 사용하여 RAM ^{Random Access Memory, 메모리} 안에서 데이터를 잡아야 한다. 그러므로 디스크에 있는 파일을 참조^{reference}하고 있는 변수 즉 파일 ^{file} 변수가 필요하다. 다음과 같이 정의한다.

```
var
   f: TextFile;
```

파일을 사용하기 전에, 프로그램은 이 파일 변수를 디스크에 있는 파일에 연결^{associate} 해야 한다. 파일이 이미 존재하는지 아니면 새로 만들어야 하는지는 상관없다. 파일과 파일 변수를 연결하려면, 프로그램에서 *AssignFile* 프로시저를 사용한다. *AssignFile* 프로시저는 파라미터가 2개이다. – 파일 변수, 파일의 전체(또는 지역) 경로 문자열.

```
procedure TfrmEx1.btnEx1Click(Sender: TObject);
var
    f: TextFile;
begin
    AssignFile(f, 'my.txt');
end;
```

이 예문에서, 파일 변수 f를 my.txt라는 이름을 가진 파일에 연결하였다. 두 번째 파라미터로 파일 이름만 전달되었다. 이 경우 파일의 위치는 현재 디렉토리 (실행되고 있는 프로그램이 위치한 폴더) 안이다. 이렇게 이름만 전달되는 파일 이름을 지역^{local} 파일 이름이라고 한다. 만약이 파일이 현재 디렉토리에 들어있지 않다면 이 이름 앞에 파일의 전체 경로를 붙여주어야 한다.

| 주의 |

파일 변수를 파일 이름에 연결한다고 해서 파일이 그 위치에 있는지를 확인하지 않는다. 그 파일을 열지도 않으며, 그 이름으로 새 파일을 만들지도 않는다.

텍스트 파일은 읽기와 쓰기 작업을 할 수 있지만, 읽기와 쓰기를 동시에 할 수는 없다.

파일을 읽거나 쓰려면, 먼저 파일을 열어야 한다. 다음과 같이 파일을 열 수 있다.

먼저, 파일 쓰기 절차를 살펴보자.

파일 쓰기를 위해서 파일을 열려면, *Rewrite(f)* 연산자를 사용한다. f는 파일 변수이다.

이 연산은 *AssignFile* 을 통해서 연결된 이름으로 빈 파일 하나를 만들어낸다. 이런 이름을 가진 파일이 이미 있었다면, 그 파일의 내용이 모두 지워져서 열린다.

이제 이 파일에 정보를 적을 수 있다. *Write*와 *WriteLn* 연산자를 사용한다. 콘솔^{console}에 프린트하는 것과 같이 작업한다. 유일한 차이점은 아규먼트^{argument}의 앞부분에 파일 변수를 명시해야 한다는 점이다. 그래야 이 결과가 콘솔이 아니라 파일로 간다.

아래 예문은 'example.txt'라는 텍스트 파일에 다양한 정보를 적는 프로시저 예문이다.

```
Procedure ZapFile;
var
    f: TextFile;
    x, y: Integer;
    Ok: boolean;
begin
    AssignFile(f, 'example.txt');
    ReWrite(f);
    x:=10;
    y:=7;
    WriteLn(f, x); //파일의 첫 번째 줄에 10을 적는다,  커서는 두 번째 줄로 간다.
    Write(f, x+2); //두 번째 줄에 12 (10+2)를 적는다,  커서는 두 번째 줄 가장 뒤에 그대로 있다.
    Write(f, '안녕'); //두 번째 줄의 맨 뒤 (커서의 위치)에 "안녕"이라는 단어가 적힌다,  커서는
두 번째 줄의 맨 뒤에 그대로 있다.
    Write(f, x, y); //커서의 위치에 10을 적고 공백이 없이 바로 7을 적는다, 커서는 두 번째 줄의 여
전히 맨 뒤에 있다.
    WriteLn(f, x, y); //커서의 위치에 10과 7을 적는다,  커서는 '세 번째' 줄로 이동한다.
    Ok:=5>7;
    WriteLn (f, Ok); // (Ok 변수의 값인) False 값을 세 번째 줄에 적는다,  커서는 '네 번째' 줄로
이동한다.
    WriteLn(f, x, ' ', y); //10을 적고 공백 2개를 적고 7을 네 번째 줄에 적는다,  커서는 '다섯
번째' 줄로 이동한다.
    WriteLn(f, 'x=', x); //"x=10"을 파일의 다섯 번째 줄에 적는다.
    CloseFile(f);
end;
```

위에서 *CloseFile*(f) 구문으로 파일을 닫았다. *CloseFile* 프로시저는 파일 작업이 끝나면 반
드시 호출해야 한다. *CloseFile*는 파일을 닫고 쓰기를 마친다. 이것을 호출하지 않으면, 정
보 일부를 잃게 될 수도 있다.

위에서 언급한 바와 같이, *Rewrite* 프로시저는 항상 새 파일을 만든다. 하지만, 이미 존재하
는 파일에 정보를 추가해야 하는 경우도 있다. 이 경우에는 *Append* 프로시저로 파일을 연
다. *Append* 프로시저는 새 파일을 만드는 것이 아니라 기존의 파일을 열고 그 파일의 맨
뒤에 커서를 놓는다. 그 결과 *Write*와 *WriteLn* 구문의 내용이 커서의 위치에 들어간다.

Append(f) 는 존재하는 파일에 사용해야 한다. 그렇지 않으면, 실행하는 시스템에 오류가 표시되고 프로그램이 종료된다. *Append*(f)로 열린 파일에 대해 작업을 마치고 나면, *CloseFile*(f) 을 호출하여 파일을 닫는다.

프로시저에 전달하는 파일^{file} 아규먼트^{argument}는 변수 아규먼트이어야 한다. 즉 *var* 키워드를 사용한다.

아래 예문은 텍스트 파일인 'test1.txt'과 'test2.txt'를 만들고, 여기에 0을 몇 줄 적는다. 첫 번째 파일에는 0이 5개 있는 줄을 3줄 적는다. 두 번째 파일에는 0이 3개 있는 줄을 4줄 적는다. 0과 0 사이에는 공백 2개로 구분한다.

```
procedure ZapZero(var fl:  TextFile; n, m: Integer);
var
    i, j: Integer;
begin
    Rewrite(fl);
    for i:=1 to n do
    begin
        for j:=1 to m do
            Write(fl,0:3);
        WriteLn(fl)
    end;
    CloseFile(fl)
end;
procedure Tform1.Button1Click(Sender: TObject);
var
    f, g: TextFile;
begin
    AssignFile(f, 'test1.txt');
    AssignFile(g, 'test2.txt');
    ZapZero(f,3,5);
    ZapZero(g,4,3);
end;
```

텍스트 파일에서 데이터 읽기

파일에서 데이터를 읽는 절차를 살펴보자. *Reset*(f)을 호출하여 읽을 파일을 연다.

| 주의 |
──

읽으려고 하는 파일이 디스크에 있어야 한다. 그렇지 않으면, 실행 중 오류 (run time error) 메시지가 표시되고 프로그램 실행이
종료된다.

──

파일이 성공적으로 열리면, 커서는 첫 줄의 맨 앞에 놓인다. *ReadLn*(f, s) 프로시저를 호출
하여 읽는다.

ReadLn 구문을 완성하고 나면, 변수 s에는 첫 번째 줄의 내용이 들어가고 커서는 그 다음
줄의 맨 앞에 놓인다. 이 *ReadLn* 구문을 다시 반복하면 변수 s에는 두 번째 줄의 내용이 들
어가고 커서는 세 번째 줄의 맨 앞에 놓인다. 읽기 작업을 마치고 나면, 쓰기 작업을 마쳤
을 때와 마찬가지로 *CloseFile(f)* 프로시저를 사용하여 파일을 닫는다.

아래 예문은 'my.txt' 파일의 첫 번째 줄을 메모 컴포넌트인 memEx1에 적는다. my.txt 파
일을 새로 만들지 않고 앞에서 만든 파일 중 하나를 사용해도 좋다.

```
procedure TfrmEx1.btnEx1Click(Sender: TObject);
var
    f: TextFile;
    s: String;
begin
    AssignFile(f,'my.txt'); //파일 이름과 파일 변수를 연결한다.
    Reset(f); //읽을 파일을 연다.
    ReadLn(f, s); //파일의 첫 번째 줄을 읽는다.
    memEx1.Lines.Append(s); //읽은 줄을 Memo에 넣는다.
    CloseFile(f); //파일을 닫는다.
end;
```

위의 프로시저는 언제나 파일의 첫 번째 줄만 읽어서 넣는다. 파일의 여러 줄을 읽으려면
루프^{loop, 반복}를 사용한다. 아래 예문은 'my.txt' 텍스트 파일에서 다섯 줄을 읽어서 메모에
넣는다.

```
procedure TfrmEx1.btnEx1Click(Sender: TObject);
var
    f: TextFile;
    s: String;
    i: Integer;
begin
    AssignFile(f, 'my.txt'); //파일 이름과 파일 변수를 연결한다.
    Reset(f); //읽을 파일을 연다.
    for i:=1 to 5 do //5 회 반복한다.
    begin
        ReadLn(f, s); //파일에서 한 줄을 읽는다.
        memEx1.Lines.Append(s); //읽은 줄을 Memo에 넣는다.
    end;
    CloseFile(f); //파일을 닫는다.
end;
```

우리가 이미 알고 있듯이, 텍스트 파일은 순차sequential 접근 파일이다. 즉, 앞 줄을 건너뛰어서 특정 줄을 바로 들어가는 것이 불가능하다. 예를 들어 다섯 번째 줄로 들어가고 싶으면 그 앞에 있는 네 줄을 지나가야 한다. 이럴 때는 변수를 명시하지 않고 *ReadLn(f)*를 사용한다.

```
procedure TfrmEx1.btnEx1Click(Sender: TObject);
var
    f: TextFile;
    s: String;
    i: Integer;
begin
    AssignFile(f, 'my.txt'); //파일 이름과 파일 변수를 연결한다.
    Reset(f); //읽을 파일을 연다.
    for i:=1 to 4 do //4 회 반복한다.
        ReadLn(f); //이 줄을 건너 뛴다.
    ReadLn(f, s); //파일의 다섯 번째 줄을 읽는다.
    memEx1.Lines.Append(s); //읽은 줄을 Memo에 넣는다.
    CloseFile(f); //파일을 닫는다.
end;
```

위의 예문에 있는 *ReadLn*(f)는 그저 커서를 다은 줄의 맨 앞으로 이동시킬 뿐 데이터를 전혀 읽지 않는다.

파일의 줄 개수를 항상 미리 알 수는 없다. 그렇다면 파일의 줄 수를 모르면서 파일의 모든 줄을 읽는 것이 가능할까? 불리언 함수인 *EOF*(f)를 사용하면 된다(EOF은 End Of File을 줄인 말이다). 불리언[Boolean] 함수는 실행 결과를 True[참] 또는 False[거짓]로 반환하는 함수이다. *EOF*(f) 함수는 커서가 파일의 맨 뒤에 있으면 True를 반환하고, 그렇지 않으면 False를 반환한다. 아래 예문은 텍스트 파일에 있는 줄을 모두 읽어서 메모 컴포넌트에 넣는 프로시저이다.

```
procedure TfrmEx1.btnEx1Click(Sender: TObject);
var
   f: TextFile;
   s: String;
begin
   AssignFile(f, 'my.txt'); //파일 이름과 파일 변수를 연결한다.
   Reset(f); //읽을 파일을 연다.
   while not EOF(f) do //파일의 끝에 도달할 때까지 반복한다.
   begin
      ReadLn(f, s); //파일에서 한 줄을 읽는다.
      memEx1.Lines.Append(s); //읽은 줄을 TMemo에 넣는다.
   end;
   CloseFile(f); //파일을 닫는다.
end;
```

지금까지 모든 예문에서 *Read*가 아니라 *ReadLn* 구문을 사용했다는 점을 눈여겨보자. 마지막 예문에서 *ReadLn*을 *Read*로 바꾸게 되면 읽기 작업이 끝나지 않는다. 왜냐하면 *Read*는 커서를 그 다음 줄로 이동시키지 않기 때문에 커서가 그 줄의 맨 뒤에 그대로 남아있게 되고 *Read*는 빈 줄을 읽게 된다. 따라서 끝나지 않는 루프에 빠져서 빈 줄을 끝없이 읽어서 *Memo*에 넣을 것이다. 커서가 결코 파일의 끝에 도달하지 못하기 때문이다. 따라서 파일에서 줄을 읽을 때에는 *ReadLn* 구문을 사용할 필요가 있다.

커서의 위치가 줄의 맨 뒤에 있는지 아닌 지를 알아내는 것도 가능하다. 불리언 함수인

EOLN(f)를 사용하면 된다. *EOLN*(f) 함수는 커서가 줄의 맨 뒤에 있으면 True를 반환하고, 그렇지 않으면 False를 반환한다.

텍스트 파일에서 데이터를 한줄씩 읽을 때 어떻게 하는 지를 알게 되었다. 이번에는 파일에서 실수나 정수를 읽어보자. 이 숫자들이 공백으로 구분되어 있으면 된다. 이 경우 숫자를 직접 읽을 수 있다. 어떻게 하는 지 예문을 살펴보자.

텍스트 파일에 숫자들이 들어있고, 이 숫자 사이에는 하나 이상의 공백이 있다고 가정한다. 예문은 아래 그림과 같다(공백 임을 알 수 있게 여기에서는 ﹗표시를 하였다).

```
10‿‿7‿25
14‿1‿3‿
24‿
27‿4‿8‿22
11‿‿‿‿‿6
16‿15‿22
```

파일을 열고 나서, *Read*(f, x) 구문을 사용한다. f는 파일 변수이고 x는 *Integer* 변수이다. 이 구문이 실행되고 나면, x 변수에는 10이 들어가고, 커서는 0자 바로 뒤에 있는 구분자(여기서는 공백)앞에 있다. *Read*(f, x)가 두 번째 실행되고 나면, 커서는 모든 구분자(공백)을 건너 뛰고 나서 7이 변수 x에 들어간다. 커서는 다시 7 뒤에 있는 공백에서 멈춘다. *Read*(f, x)가 세 번째 실행되고 나면, 숫자 25 앞에 있는 모든 구분자(공백)을 건너 뛰고 25를 읽어서 변수 x에 넣는다. 말하자면, *Integer* 변수인 x 를 사용하는 *Read*(f, x)는 그 숫자 앞에 있는 모든 구분자를 건너 뛰어서 그 숫자를 읽은 후에 숫자가 아닌 기호(또는 문자) 앞에 커서를 놓는다.

예문을 보자.

```
procedure TfrmEx1.btnEx1Click(Sender: TObject);
var
    f: TextFile;
    x, i, k: Integer;
```

```
begin
    AssignFile(f,'my.txt'); //파일 이름과 파일 변수를 연결한다
    Reset(f); //읽을 파일을 연다
    k:=0;
    for i:=1 to 5 do //5 회 실행한다:
    begin
        Read(f, x); //다음 숫자를 읽고 나서
        k:=k+x; //읽은 숫자를 합계에 더한다
    end;
    CloseFile(f); //파일을 닫는다.
    ShowMessage(IntToStr(k)); //합계를 표시한다
end;
```

위의 프로시저가 실행되고 나면, 변수 k에는 57이 들어간다 — 57은 앞에 있는 숫자 5개 즉 10, 7, 25, 14, 1의 합계이다. *Read*(f, *x*) 는 숫자 데이터를 읽어서 *Integer*변수에 넣는다. 구분자 기호들은 모두 건너뛴다. *Read*에서 구분자는 공백과 줄-끝남end-of-line 기호이다.

위 예문에서, *Read*(f, *x*) 구문을 *ReadLn*(f, *x*)로 바꾸면 어떻게 될까? *ReadLn*이 *Read*와 가장 다른 점은 *ReadLn*은 커서를 다음 줄에 보내야 하기 때문에 나머지 데이터를 모두 건너뛴다는 점이다.

```
procedure TfrmEx1.btnEx1Click(Sender: TObject);
var
f: TextFile;
x, i, k: Integer;
begin
    AssignFile(f,'my.txt'); //파일 이름과 파일 변수를 연결한다.
    Reset(f); //읽을 파일을 연다.
    k:=0;
    for i:=1 to 5 do //5 회 실행한다.
    begin
        ReadLn(f, x); //다음 숫자를 읽고 나서
        k:=k+x; //읽은 숫자를 합계에 더한다.
    end;
    CloseFile(f); //파일을 닫는다.
    ShowMessage(IntToStr(k)); //합계를 표시한다.
end;
```

위 프로시저가 실행되고 나면, 변수 k 에는 86이 들어간다. 86은 앞에 있는 5 줄에서 가장 앞에 있는 숫자들 (즉 10, 14, 24, 27, 11)의 합이다.

텍스트 파일 안에 있는 모든 숫자를 읽어야 하는 상황이 종종 있다. 게다가 전체 숫자의 개수를 미리 알 수가 없다. 이 경우 *EOLN(f)* 함수를 사용하여 줄이 끝났는지는 상황을 체크하면서 숫자 읽기 구문을 반복한다. 이 경우에는 프로시저가 다음과 같다.

```
procedure TfrmEx1.btnEx1Click(Sender: TObject);
var
    f: TextFile;
    x, k: Integer;
begin
    AssignFile(f,'my.txt'); //파일 이름과 파일 변수를 연결한다.
    Reset(f); //읽을 파일을 연다.
    k:=0;
    while not EOLN(f)  do //줄 끝에 도달하기 전까지 반복
    begin
        Read(f, x); //다음 숫자를 읽는다.
        k:= k + x; //읽은 숫자를 합계에 더한다.
    end;
    CloseFile(f); //파일을 닫는다.
    ShowMessage(IntToStr(k)); //합계를 표시한다.
end;
```

위 예문이 실행되고 나면, 변수 k에는 42가 들어간다. 42는 첫 번째 줄에 있는 모든 숫자 즉, 10, 7, 25의 합계이다. 하지만, 하지만 반드시 42인 것은 아니다. 읽은 줄에 있는 마지막 숫자 뒤에 공백이 있는지 없는지에 따라 달라지기 때문이다. 공백이 없다면, 42가 될 것이다.

위 상황에서 만약 숫자 25 뒤에 공백이 있다면 어떻게 될까? 25를 읽은 다음, 커서는 숫자 5 의 바로 뒤에 놓인다. *EOLN(f)*를 호출하면, False가 반환되는 데 그 공백이 줄-끝남 기호가 아니기 때문이다. 이 루프는 한번 더 실행될 것이고 *Read(f, x)*는 모든 구분자를 건너 뛰게 된다. 구분자인 줄-끝남 기호도 구분자이므로 역시 건너 뛰고 다음 숫자가 나올 때 까지 간다. 그 결과, k 변수에는 몇 개의 줄에서 읽어 낸 숫자들이 더해질 수 있다. 줄의 개수

와 읽은 숫자의 개수는 줄-끝남 앞에 공백을 가진 줄이 몇 개나 이어져 있는가에 따른다.

이 문제를 피하려면, 숫자를 읽을 때 *EOLN(f)* 대신 *SeekEOLN(f)* 함수를 사용해야 한다. *SeekEOLN(f)*은 먼저 모든 공백을 건너 뛰고 나서 줄-끝남 기호를 확인한다. 위 예문에서 *EOLN(f)* 대신 *SeekEOLN(f)*를 호출하면 줄-끝남 기호 앞에 얼마든지 공백이 있어도 올바르게 작동할 것이다.

```
procedure TfrmEx1.btnEx1Click(Sender: TObject);
var
    f: TextFile;
    x, k: Integer;
begin
    AssignFile(f,'my.txt'); //파일 이름과 파일 변수를 연결한다.
    Reset(f); //읽을 파일을 연다.
    k:=0;
    while  not  SeekEOLN(f) do //줄 끝에 도달하기 전까지 반복
    begin
        Read(f, x); //다음 숫자를 읽는다.
        k:=k+x; //읽은 숫자를 합계에 더한다.
    end;
    CloseFile(f); //파일을 닫는다.
    ShowMessage(IntToStr(k)); //합계를 표시한다.
end;
```

델파이에는 *SeekEOF(f)* 함수도 있다. *SeekEOF(f)* 함수는 *SeekEOLN(f)*과 같은 방식으로 작동된다. 하지만 공백과 줄-끝남 기호를 모두 건너 뛴다. *Read(f, x)* 구문을 이용하여 파일에서 숫자를 읽을 때 사용하면 좋다.

파일에 들어있는 모든 숫자의 합계를 계산하는 프로시저는 다음과 같다.

```
procedure TfrmEx1.btnEx1Click(Sender: TObject);
var
    f: TextFile;
    x, k: Integer;
begin
```

```
    AssignFile(f,'my.txt'); //파일 이름과 파일 변수를 연결한다.
    Reset(f); //읽을 파일을 연다.
    k:=0;
    while not SeekEOF(f) do //파일 끝에 도달하기 전까지 반복
    begin
        Read(f, x); //다음 숫자를 읽는다.
        k:=k+x; //읽은 숫자를 합계에 더한다.
    end;
    CloseFile(f); //파일을 닫는다.
    ShowMessage(IntToStr(k)); //합계를 표시한다.
end;
```

텍스트 파일에서 데이터를 읽는 프로그램을 작성하는 지침으로 다음 규칙을 기억하자. 데이터를 줄로 읽으려면, *EOLN(*f*)* 과 *EOF(*f*)* 함수를 사용한다. 데이터를 숫자로 읽으려면 *SeekEOLN(*f*)* 과 *SeekEOF(*f*)* 함수를 사용한다.

프로그램이 파일에서 숫자가 아닌 데이터(즉, 파일-끝남 기호나 문자로 된 글)를 읽으려고 하면, 실행 중 시스템이 오류 메시지를 표시하고 프로그램은 실행이 종료된다. 프로그램이 실수를 읽어서 정수 변수에 넣으려고 하거나, 델파이의 숫자 형식이 아닌 (소수 부분을 마침표가 아니라 쉼표로 구분하는 등) 숫자를 읽으려고 하는 경우에도 역시 오류 메시지를 표시하고 실행이 종료된다.

실습

Exercise 1.

파일 안에서 가장 짧은 줄을 찾아 내고 그 내용을 레이블 컴포넌트에 표시하자. 만약 길이가 같은 가장 짧은 줄이 몇 개 있으면, 그 중 가장 마지막에 찾아낸 줄의 내용을 표시하자. 파일의 이름은 텍스트박스에서 입력 받는다.

프로그램이 잘 작동하는 지 테스트하기 위해 메모장Notepad 등 외부 텍스트 편집기를 사용하여 텍스트 파일을 미리 만들어 두고 사용하자.

Exercise 2.

파일 안에 한 줄 당 한 문장씩 여러 줄이 들어 있다. 프로그램은 한 줄씩 읽는데, 바로 읽든 거꾸로 읽든 결과가 같아지는 줄(예: 아들딸들아, 아 좋다 좋아)을 찾아서 *TMemo*로 내보내자. 파일 이름은 텍스트박스에서 입력 받는다(*OpenDialog*를 사용해도 된다).

프로그램이 잘 작동하는 지 테스트하기 위해 메모장^{Notepad} 등 외부 텍스트 편집기를 사용하여 텍스트 파일을 미리 만들어 두고 사용하자.

Exercise 3.

텍스트 파일에 몇 줄이 들어 있다. 각 줄에는 정수들이 몇 개씩 있다. 이 정수들은 하나 이상의 공백에 의해 떨어져있다. 파일을 읽어서 줄에 있는 숫자의 합계가 짝수인 줄을 다른 파일에 옮겨 적어보자. 파일 이름은 텍스트박스에서 입력 받는다(*OpenDialog*를 사용해도 된다).

프로그램이 잘 작동하는 지 테스트하기 위해 메모장^{Notepad} 등 외부 텍스트 편집기를 사용하여 텍스트 파일을 미리 만들어 두고 사용하자.

Exercise 4.

텍스트 파일에 올림피아드에 참가한 학생들과 학교들의 정보가 들어있다. 첫 번째 줄에는 학생들의 인원수가 있다. 이어서 다음 줄부터 다음 형식으로 정보가 들어있다.

```
<성> <이니셜> <학교 번호>
```

〈성〉에는 문자열 20자 까지만 들어갈 수 있다. 〈이니셜〉에는 4자만 들어간다 (문자, 마침표, 문자, 마침표). 〈학교 번호〉에는 한자리 또는 두 자리 숫자가 들어간다. 〈성〉 〈이니셜〉 〈학교 번호〉 사이 공백 하나로 구분된다. 예를 들어 다음과 같다.

```
홍길동 K.D. 57
```

줄 수는 1,000개 이상이어야 한다.
참가 학생이 가장 적은 학교의 번호를 레이블에 표시하는 프로그램을 작성해 보자. 가장 적은 학교가 여러 개인 경우 모든 학교의 번호를 적는데 이때 쉼표로 구분한다.

표준 파일^{File} 다이얼로그^{Dialog}들

파일을 손쉽게 열거나, 만들고 저장할 수 있습니다.

앞의 모듈에서, 파일을 가지고 작업을 하는 가장 전형적이고 일반적인 방식으로 파일을 다루었다. 하지만, 델파이에서는 읽기나 쓰기를 할 파일을 손쉽게 표준 파일 열기와 표준 파일 저장 다이얼로그 창 즉, 파일^{File} 다이얼로그^{Dialog} 창들을 통해 선택할 수 있다.

표준 파일 다이얼로그 창 컴포넌트들은 툴 팔레트의 *Dialogs*^[다이얼로그] 그룹에 들어있다. 이것을 폼에 올리면 사용할 수 있게 된다. 폼에 올려놓았다고 해서 프로그램이 실행되는 동안 (런타임) 에 폼 안에 표시되는 것은 아니다.

OpenDialog^{열기 대화창} 컴포넌트(파일 열기 아이콘 모양)를 사용하면 파일에서 정보를 읽을 수 있다. *SaveDialog*^{저장 대화창} 컴포넌트(디스크 모양 아이콘)를 사용하여 기존 파일 또는 새 파일에 쓰기를 해보자. 새 파일의 이름은 키보드로 입력한다.

이 컴포넌트들에는 *FileName* 프로퍼티, 그리고 *Execute*^{실행}라는 불리언 메소드가 있다.

파일 다이얼로그 창을 가지고 작업하는 알고리즘은 다음과 같다.

```
var
    Okf1, Okf2: Boolean;
    StF1, StF2: String;
begin
    //읽기를 할 파일을 선택한다. 잘 선택되었는가?
    //만약 읽기를 할 파일이 잘 선택되었으면
    begin
        //다이얼로그에서 파일 이름을 찾는다.
        //파일 변수를 파일에 할당한다.
        //읽기를 위해 파일을 연다.
        <파일에 있는 정보를 처리한다: 읽기, 처리하기 등>
        //파일을 닫는다
    end;
    //쓰기를 할 파일을 선택한다. 잘 선택되었는가?
    //만약 쓰기를 할 파일이 잘 선택되었으면
    begin
        //다이얼로그에서 파일 이름을 찾는다.
        //파일 변수를 파일에 할당한다.
        //쓰기를 위해 파일을 연다.
        < 파일에 정보를 쓴다  >
        //파일을 닫는다.
    end;
end;
```

프로그램의 첫 번째 줄은 다음과 같다.

```
Okf1:= OpenDialogEx1.Execute;
```

프로그램을 실행하면, 다음과 같이 표준 *OpenDialog*^{열기 대화창} 다이얼로그 창이 나타난다. 이 다이얼로그 창에서 사용할 파일을 찾아서 선택한다.

Open^{열기} 버튼을 클릭하면 읽기 위해 선택한 파일이 열린다. 이때 *Execute* 메소드는 열린 파일의 이름을 OpenDialogEx1 컴포넌트의 *FileName* 프로퍼티에 넣고 True를 반환한다.

프로그램을 계속해보자.

```
if Okf1 then
//만약 읽기를 할 파일이 잘 선택되었으면
begin
    Stf1:= OpenDialogEx2.FileName;
    //다이얼로그에 있는 파일이름을 잡아서 Stf1에 넣는다.
    AssignFile(f, Stf1); //파일 변수를 파일과 연결한다.
    Reset(f); //읽기를 하기 위해 파일을 연다.
    ……………; //파일 안에 있는 데이터를 처리한다.
    Closefile(f); //파일을 닫는다.
end;
```

위 예문과 같이, 파일을 열었으면 이제, "……………" 자리에, 우리가 문제를 해결하기 위해 필요한 연산자들을 넣어서 파일 안에 있는 데이터를 처리한다. 파일 안의 정보 읽기, 읽은 데이터 처리하기 등 이미 앞의 모듈에서 해본 것들이다.

파일에 정보를 쓰는 작업을 하려면 아래와 같이 한다.

```
Okf2:=SaveDialogEx2.Execute;
//쓰기를 할 파일을 선택한다. 잘 선택되었는가?
```

이 명령이 실행되면, 이 표준 **파일 저장**Save 다이얼로그가 나타난다. 이 창에서 파일을 찾아서 선택하거나 *File Name*파일 이름을 넣는 텍스트박스에 새로 만들 파일의 이름을 적어 넣으면 된다. 지정된 파일의 이름은 SaveDialogEx1.FileName 프로퍼티에 들어간다.

*Cancel*취소 버튼을 클릭하면 이 동작이 취소된다.

파일에 정보를 기록하는 코드는 다음과 같다.

```
Okf2:=SaveDialogEx2.Execute;
//쓰기를 할 파일을 선택한다. 잘 선택되었는가?
if Okf2 then
//만약 쓰기를 할 파일이 잘 선택되었으면
begin
    Stf2:= SaveDialogEx2.FileName;
    //다이얼로그에서 파일이름을 잡아서 Stf2에 넣는다.
```

```
      AssignFile(g, Stf2); //파일 변수를 파일과 연결한다.
      Rewrite(g); //쓰기를 하기 위해 파일을 연다.
      ............. .; //파일에 데이터를 써넣는다, 데이터를 처리한다 등.
      Closefile(g); //파일을 닫는다.
   end;
```

이제 여러분은 다이얼로그 모드에서 파일을 가지고 작업하는 방법을 알게 되었다.

실습

Exercise 1.

메모장^{Notepad}에서 텍스트 파일을 하나 만들어 저장한 후에, 표준 파일 다이얼로그 들을 사용하여 다음과 같은 프로그램을 작성해보자. 만들어 놓은 텍스트 파일에서 문자 수가 짝수인 모든 문자열을 복사하여 File2에 넣는다. 문자 수가 홀수인 모든 문자열을 복사하여 File3에 넣는다. (File2와 File3는 프로그램에서 만든다)

Exercise 2.

메모장^{Notepad}에서 텍스트 파일을 하나 만들고 저장한다. 이 파일에는 각 줄마다 정수들이 들어있다. 이 숫자들 사이에는 공백이 하나 이상 있어서 서로 구분된다. 표준 파일 다이얼로그들을 사용하여, 이 숫자들 전체의 합계를 계산하여 새 파일에 기록하는 프로그램을 적어보자.

Exercise 3.

메모장^{Notepad}에서 텍스트 파일을 하나 만들고 저장한다. 이 파일에는 각 줄마다 무작위로 정수들과 단어들이 들어 있다. 이것들 사이에는 공백이 하나 이상 있어서 서로 구분된다. 표준 파일 다이얼로그들을 사용하여, 이 텍스트 파일에 있는 숫자들 전체의 합계를 계산하여 새 파일에 기록하는 프로그램을 적어보자.

Index

데브기어 교육 과정

자세히 보기: www.devgear.co.kr/edu

 윈도우
애플리케이션을
개발하고 싶어요!

 멀티-디바이스
(모바일 등) 앱을
개발하고 싶어요!

 사물인터넷 앱을
개발하고 싶어요!

 쉽고 빠르게
데이터모델링을
하고 싶어요!

기초 다지기

  델파이 기초 (2일)

개발 일반

 델파이 윈도우
애플리케이션 개발
(4일)

 델파이로
한 번에 개발하는
안드로이드&iOS (2일)

확장하기

 델파이
DB프로그래밍:
2-티어(2일)

 델파이
DB프로그래밍:
멀티-티어(3일)

 실전! 델파이
멀티-디바이스
앱 UI/UX 구현
(1일)

 델파이
모바일 앱 실무:
Push, 퍼블리싱
(1일)

개발워크샵

 델파이 프로그램
완성하기
– 공통주제 (3일)

 델파이 개발 능력
인증 과정
– 자유주제 (2주)

실무 프로젝트

 [실무 프로젝트] 델파이 마이그레이션 (4일)
보유하신 델파이 코드를 직접 마이그레이션 합니다.

특강

 사물인터넷 앱
개발 with 델파이
(1일)

 Skill UP! Speed UP!
데이터모델링 (1일)